JN167076

政争家・三木武夫

倉山 満

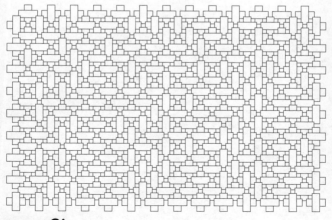

講談社＋α文庫
プラスアルファ

はじめに〜角栄ブームの世情に、あえて三木武夫を問う

今年（二〇一六年）はロッキード事件四十周年。本屋に行けば、必ず「角栄コーナー」があります。空前の「角栄ブーム」です。

政治の劣化が嘆かれる現在、「今こそ角さんのような政治家がいれば」という声をよく聞きます。今年だけで何度、週刊誌や月刊誌で「角栄特集」が組まれたか。「田中角栄こそ戦後最大の政治家である」と言わんばかりの主張があふれています。

しかし、田中角栄の現役時代、評価はどうであったか。

一言で言えば、当時のマスコミは「角栄産業」で飯を食っていました。田中角栄ほど毀誉褒貶《きよほうへん》が激しかった政治家は他にいないと思われます。

昭和四十七年（一九七二年）、戦後最年少（当時）で総理大臣に就任した時は、「小学校しか出ていない立志伝中の宰相」「今太閤」ともてはやされ、内閣支持率は当時最高の六十二％を記録しました。ところが、二年後には「金脈政変」で失脚に追い込まれ、その時にはすっかり金権政治家として叩かれていました。持ち上げるだけ持ち上げておいて、落とす。日本のマスコミが、よくやることです。さらに二年後の昭和五十一年、ロッキード事件で逮捕されてからは、「灰色高官」の筆頭として、犯罪者

扱いでした。

普通の政治家なら、ここで政治生命は終わりです。しかし、ここから田中は粘りに粘り、自民党最大派閥を維持することによって、遂には「闇将軍」として君臨しました。政治家というと、賄賂で儲《もう》けて豪邸に住み、池の鯉に餌をやるものというイメージが定着しました。田中は千坪の豪邸のある地名にちなみ、「目白の闇将軍」と言われるようになります。「目白」と言えば田中のことを指すようになり、「目白の意向」に日本の政治は左右されます。

福田赳夫、大平正芳、鈴木善幸、中曽根康弘の歴代内閣は、「闇将軍」の影響を受けない訳にはいきませんでした。福田「角影内閣」、大平「仰角内閣」、鈴木「直角内閣」、最後は「田中曽根内閣」と、マスコミがキャッチコピーを作るのに造作もない政治でした。福田や大平はまだ主体性をいくばくかは発揮しましたが、鈴木善幸は「たとえ善幸でも、目白に気に入られれば総理になれる」という風潮を生みました。中曽根内閣に至ってはやりたい放題、ロッキード事件の一審で有罪の判決がくだるや、田中は中曽根に衆議院の解散を〝命令〟します。こんな状況で自民党は結党以来初の連立政権に追い込まれましたが、田中自身は二十二万票の記録的得票で当選、「禊《みそぎ》を果たした」とどこ吹く風でした。

田中は何としても裁判で無罪を勝ちとり、再び総理に返り咲くという執念で金をばら撒《ま》き、最大派閥を維持膨張させ、政官界への支配を強めました。

妄執です。

結果は残酷で、竹下登の謀反を前にして脳梗塞に倒れます。派閥も、日本の支配者の地位も、すべて竹下に奪われました。

ロッキード事件は二審でも有罪、田中の死により公訴棄却となり判決は確定しました。

権勢を誇った権力者の、惨めな最後でした。

私は、ロッキード事件は暗黒裁判だったと思います。特に、田中の〝犯罪〟を証言した証人に対する反対尋問を許さずに有罪判決を下したことは、司法の汚点です。裁判所と検察の、〝癒着〟に等しい出鱈目《でたらめ》な裁判指揮も目を覆うばかりです。そして何より、ロッキード裁判は明らかな政治裁判でした。以上、どれか一つでも事実なら日本は文明国ではないと断言してもよいようなことばかりですが、残念ながら、この裁判で行われた不正は枚挙にいとまがありません。

では、「お前は田中角栄を弁護する気か」と聞かれたら、ロッキード裁判に関しては庇《かば》います。私は、政治家としての田中角栄、特に総理大臣就任以後など、百害あって一利なしと考えています。とりわけ、中国共産党に対する姿勢は〝売国奴〟そのものでしかないと断じます。

しかし、自分の嫌いな人間の権利を守ってこそ、法の存在意味があるのです。自分の好きな人間の権利だけを守るのでは、法の意味がありません。田中角栄は抹殺されて然《しか》るべき政治家だったと思いますが、派閥抗争の手段として法を曲げるのは、反則です。このやり方は、暗殺に等しい。

民主政治に利点があるとしたら、権力闘争で負けた人間も殺されないという点にあります。

ところが、ロッキード事件では現役総理大臣が前首相を抹殺するために逮捕に踏み切り、暗黒裁判が繰り広げられた。

田中角栄は十年間、「闇将軍」として君臨することで持ちこたえたものの、結局は殺されたのです。

その証拠に、脳梗塞で倒れる直前は異常なまでに酒量が増え、血圧もあがっていたとか。毎晩ウィスキーを二本あけ、血圧も二百を超えていたとか。どれほどのストレスが田中を襲ったか。

世の角栄ブームの中、田中角栄への関心は高まっています。しかし、その田中角栄を抹殺に追いやった政治家のことはほとんど触れられません。

本書は、戦後史に残る傑物政治家である田中角栄を倒した怪物政治家、三木武夫に関する評伝です。

田中角栄が最も恐れ、憎んだ男。

角栄ブームだからこそ、あえて世に問いたいと思います。

◉目次

第3章　バルカン政治家の誕生

第4章　グダグダ政治の乗り切り方

第5章　政策は政局の武器

第6章 男は一回、勝負する

第9章 田中角栄を葬った手口

第10章　三木内閣の危険な政治

第11章　三木と靖国と内閣法制局

第12章　死闘！　三木おろし

第1章　怪物政治家、三木武夫

誰の側近にもならず

本屋に行けば「田中角栄」コーナーが必ずと言ってよいほどありますが、三木武夫の名を目にすることはありません。今年の「角栄ブーム」は異様ですが、この現象そのものは昔からです。試しに、インターネットでも図書館でも構わないので、「田中角栄」と検索してください。千冊を超える「角栄本」は「角栄産業」とも言われてきました。それに対して、「三木武夫」は近親者や側近の回顧録か、ごく少数の研究者の学術本くらいです。

三木と言うと、一般には「ひ弱な総理」であり、今や「田中角栄の陰に隠れた存在感が薄い人」との印象のようです。私が「三木武夫の本を書いています」と言おうものなら、「三木でどうやって本にするのですか?」と心配される始末です。

では、なぜ私がそんな三木をとりあげたのか。現代の政治家とは明らかに異質な、〝逞《たくま》しい〟政治家だからです。

伊藤博文から安倍晋三まで、総理大臣は六十二人。その中で、誰の側近にもならず、己の才覚と世渡りだけで政治家最高の地位に登りつめた唯一の人です。自民党総裁に挑むこと四度。負けても負けても、不屈の闘志で挑み続けました。そして、あらん限りの力を振り絞って、遂には政権の座を獲得しました。

最初に、ルールを解説しておきます。総理大臣になるのは、衆議院の首班指名選挙で勝った代議士です。首班指名で勝つには、衆議院の多数派の支持を得なければなりません。とはいうものの、一九五五年（昭和三十年）以降のほとんどの時期で自由民主党（略して自民党）が衆議院の多数派ですから、自民党の総裁が首班指名に勝つことになります。ということは、自民党の総裁になれば、総理大臣になれるということです。本書で扱う大半の時期は、自民党総裁の椅子をめぐる争いですから、このルールは頭に入れておいてください。

「自民党総裁＝総理大臣」の公式です。

三木が最初に総裁選挙に挑戦したのは、昭和四十三年でした。時の総理総裁は佐藤栄作。史上最長不倒の長期政権を築く、超実力政治家です。この佐藤に対し三木は外務大臣の辞表と挑戦状を叩きつけました。

そして二度の戦いで存在感を示します。

国民がおりろと言わない限り私は往く。私は何ものをも恐れない。ただ、恐れる

とすれば、それは大衆だ
（一七会『われは傍流にあらず』人間の科学社、1991年、p.131）

三木が二度目の挑戦の時、三木事務所で行った正式出馬表明の一節です。自民党の派閥の大半を傘下に収める佐藤に対し、三木は国民世論を味方につけて対抗しようとしたのです。今でこそ派閥政治家に対しメディアを味方につけて対抗するという政治手法は当たり前ですが、それを最初にやったのが三木でした。かの小泉純一郎も、三木の政治手法はかなり研究したとのことです。そういえば、小泉は首相在任時代、月に一度は三木の指南役であった松野頼三を訪ね、政治に関して教えを乞うていました。

ちなみに、この演説は後の章でもお話ししますが、その場で聞いた人の多くが涙した感動の演説だったそうです。最高権力者の佐藤首相に逆らえば何をされるかわからない。最低二年は干しあげられる。大臣にもなれない、お金も集まらなくなる。それをわかっていても国民を信じて、明日の勝利の為に今日の敗北に耐えよう。

しかし、三木側近の新聞記者の久保紘之によると、三木はこんなことを言いながら、大衆などまったく信じていなかったそうです（久保紘之『田中角栄とその弟子たち』文藝春秋、１９９５年、pp.49-50)。

使えるものは何でも利用する。そんな政治家は腐るほどいますが、三木の凄いところは、そういう内心を世間に隠し通したことです。死ぬまで三木のイメージは、自民党派閥政治から遠いところにいる人、でした。

政争家として

「自民党総裁＝総理大臣」

だから、総理大臣になりたい自民党政治家は、総裁選挙で勝つために派閥を作ることになります。自民党は派閥政治が激しくなりました。その代表が田中角栄です。

田中は佐藤栄作の番頭として、佐藤派を大派閥に育てました。そして佐藤派は、ほどなくして田中派に衣替えします。田中は派閥を大きくしていくために、子分の政治家を育て養うために、無理なお金集めとばら撒き方をしました。田中はお金で大きくした派閥の力で総裁選挙に勝ち、総理大臣の地位をもぎ取りましたが、それが「金権政治」としてマスコミに批判され、大スキャンダルになります。

そして昭和四十九年十一月、田中内閣は退陣に追い込まれました。金脈政変と言います。

この政変でクローズアップされたのが、この時点で三回も総裁選挙に負け続けてきた三木でした。

三木は田中角栄の金権政治の真逆である「クリーン三木」を標榜《ひょうぼう》します。メディアを通じてクリーン・イメージを振りまきました。

田中角栄の巨大派閥に対して三十人くらいの派閥で引っ掻き回し、メディアを味方につけて国民世論を味方につけ、徹底的に主流派に対して条件闘争を挑み、落とし所でストンと落とす。まさに稀代《きたい》の政争家です。田中内閣末期の半年、三木は「金権政治打破」を掲げ、反主流派として動き回ります。

三木の攻勢の前に、田中は顔面神経痛になって、顔がひん曲がってしまいました。物理的に！　ニュース映像では、曲がった顔を隠すためにマスクをしていた田中の様子が残っています。たまたまマスクを取ると唇が目じりのところまで曲がっていました。自分が権力を握るためには、政敵をここまで追い込む。三木の真骨頂です。

それでいて田中の恨みを自分ではなく福田に向けるように立ち回るのですから、これが権謀術策家でなくてなんでしょうか。実態は全然クリーンでもなんでもなく、一番えげつないのが三木でした。

「クリーン」とは？

三木が「クリーン」でいられたのは、二つ理由があります。

第一には睦子夫人の実家が森財閥という大金持ちだったことです。おかげで、自身の政治活動では無理な資金集めなどはしなくて済みました。三木は生前、渋谷の南平台に豪邸を構えていました。現在は三木武夫記念館になっています。東京の一等地にある超豪邸ですので、時間がある方は一度行ってみてください。また、三木は何かと真鶴《まなづる》の別荘に籠《こ》もっていました。

暮らしぶりだけを比べると、むしろ大蔵官僚時代以来の一軒家を増築し続けた福田赳夫の方がよほど質素な生活だったと言えます。同時代の田中角栄が都心に千坪の大屋敷を構え、「目白御殿」などと目立っていたのと比べると、立ち回り方に独特の妙があります。

第二には、派閥活動を番頭の河本敏夫が支えてくれました。

河本は、世界一の海運会社である三光汽船を経営していました。その資金力は、「一晩で百億円集める男」と言われていました（「一晩で数百億円を用意できるといわれた河本敏夫」『リベラルタイム』２００８年４月号、p.31）。三木内閣で政調会長だった松野頼三によると、一晩で「河本は四十億集めた」とのことです（「政界六〇年　松野頼三」刊行委員会編『政界六〇年　松野頼三』文藝春秋企画出版部、２００７年、p.260)。まだ今と比べると景気が良い時代だとしても、ものすごい集金力です。

河本は「三木内閣の黒一点」などと言われて可哀想でした。三木が派閥の領袖《りょうしゅう》(親分の事を政治の世界では慣用的に、こう呼ぶ)に居座ったので、正式に派閥を継承したのは実に六十八歳の時、遅すぎた新人でした。あげくは無理がたたって三光汽船が倒産し、「自分の会社も経営できない人間に国家の経営を任せられるか」と政治家失格の烙印《らくいん》を押され、遂に総理の椅子には届かず無念の涙を飲みました。

三木の「クリーン」というのは「自分の手を汚さない」という意味だということがよくわかります。戦前では濱口雄幸《おさち》がそれに近いでしょう。なぜ政治家が権力を持っているのにクリーンでいられるかというと、代わりに手を汚してくれる人がいるからです。濱口にも仙石貢《せんごくみつぐ》という似たような存在の人がいましたが、一国の総理になるような人には、そういう自己犠牲的な献身をしてくれる人が居るものでした。

逞しい政治家

さて、「戦後最大の政治家」と呼ばれる田中角栄の政権は、少数派閥の三木に振り回されて退陣に追い込まれます。しかし、内閣を倒しても自分が後継の椅子に座れないのでは意味がありません。田中後継をめぐり、自民党の派閥の領袖たちは政権争奪戦を始めます。

有力候補は福田赳夫と大平正芳。彼らは第二第三派閥の領袖でした。盟友で最大派閥の田中派と組んだ大平が有利と見られていましたが、福田派も支持を拡大して自民党を二分するにらみ合いを続けていました。大福どちらかを後継にしたら自民党が分裂してしまうのではないか、と戦々恐々の状況でした。大平は数を有利に総裁選挙の実施を主張しました。選挙になれば勝つと読んでのことです。これに対し福田は、「選挙をやれば金が乱れ飛ぶ。田中君が金権政治で総理大臣になったことを批判されて退陣したご時世に、また買収が横行するような選挙をやりたいのか」のようなことを主張し、選挙ではなく話し合いで次の総裁を決めるべきだと譲りません。

調整役は、椎名悦三郎自民党副総裁でした。選挙か話し合いか。それ自体を話し合いで決めようとしている時点である種の流れはできているのですが、椎名は突如として後継総裁として三木を指名します。

この当時、有力な派閥政治家は「三角大福」と呼ばれていました。三木武夫・田中角栄・大平正芳・福田赳夫のことです。やや若い中曽根康弘を加えて「三角大福中」とも呼ばれました。椎名は、田中後継の総裁に名乗りを上げていた三大福中の四人を自民党本部に呼びつけ、何の前触れもなく用意してきた裁定文を読み上げます。

この時の様子を、安藤俊裕『政客列伝』（日本経済新聞出版社、2013年、p.340）は、「三木は顔を上気させて『全く青天のへきれきである。（前回総裁選2位の）福田君を差し置いて僭越の気がするが、皆さんの考えに従いたい』。大平は憮然とした表情で『同志と相談して返事をしたい』と述べて席を立った」と、見てきたように描写しています。現場には、当事者の五人しかいなかったはずなのですが……。

椎名の奇襲でした。あえて第四派閥の領袖にすぎない三木を後継に推薦することで、大福激突による自民党分裂を回避するための奇策だと、多くの自民党政治家は理解します。大勢は決まり、福田も大平も従いました。

世に言う、「椎名裁定」です。裁定文の中の椎名の「神に祈るような気持ちで」という文言と、聞き終えた三木が「青天の霹靂《へきれき》だ」と答えたことが流行語にもなりました。

しかし、真実は違います。

実は前日にこの裁定文を書いたのは三木自身でした。

椎名側近の藤田義郎という秘書のような記者によると、三木が「徹夜してでもボクが書く」と言い出し、「〃神に祈る〃は絶対に入れんといかん」と言ってきかなかったのはいいのですが、「原稿用紙をのぞくと、〝字〟ではなく〝ミミズ〟がのたうち、原稿用紙の上を線がのたうっていた」という有り様だったようです（『われは傍流にあらず』pp.244-248）。

それにしても、自分を総理大臣に指名する裁定文を自分で書く。なんとも厚かましいことですが、総理大臣になるような政治家はみんなこんな感じでした。良くも悪くも〝逞しかった〟のです。

戦後最強の総理大臣と呼ばれる田中角栄。その田中を顔面神経痛になるまで追い詰め退陣に追い込み、政権をもぎ取る。そして最後には政治生命まで奪ってしまった三木武夫。

もはや触れられることのなくなった、忘れられた〝怪物政治家〟について御紹介したいと思います。

第2章　徒手空拳の青年代議士

三角大福中

三木は、明治四十年（一九〇七年）、徳島県に生まれました。

本書で三木のライバルとなる人たちも、紹介しておきましょう。明治三十八年生まれの福田赳夫が、老害呼ばわりされるたびに「明治三十八歳」を繰り返していましたが、その福田より二歳年下と覚えてください。田中角栄は福田より十三歳、三木より十一歳年下の、大正七年（一九一八年）生まれ。中曽根は角栄と同い年で、大平は角栄より八歳上、三木より三歳下の明治四十三年（一九一〇年）生まれです。

年齢順だと、「福・三・大・角&中」の順になるのですが、政界では当選回数が重要になります。この五人は一度当選してからは一度も落選がありませんから（田中角栄のみ、初出馬の選挙で落選経験があるが、三角大福中は全員が途中落選なし）、初当選の年で先輩後輩関係が決まります。

並べてみると、左の通りです。

三木武夫　昭和　十二年（一九三七年）初当選。以後、当選十九回。
田中角栄　昭和二十二年（一九四七年）初当選。以後、当選十六回。

中曽根康弘　昭和二十二年（一九四七年）初当選。以後、当選二十回。
福田赳夫　昭和二十七年（一九五二年）初当選。以後、当選十四回。
大平正芳　昭和二十七年（一九五二年）初当選。以後、当選十一回。

三木だけが戦前からの代議士です。「三角大福中」と並べられるとき、「自分は最古参だぞ」と格上意識が出てくるのは人情でしょう。

政治家の「当選回数至上主義」は厳然と存在します。田中などは、八歳年上の大平を〝弟分〟扱いしていました。自分の派閥の議員だと、九歳年上の二階堂進や四歳年上の金丸信に「オヤジ」と呼ばせ、十七歳年上の橋本登《と》美《み》三郎《さぶろう》や十一歳年上の愛知揆一を「君」づけでした。田中は二十代で建設会社を起こすなど実社会で苦労をしている人なので、独特の処世術があったのでしょう。「変に気を使うと舐《な》められるだけだ」と言ったところでしょうか。

ただ、自民党代議士の場合は、だいたい五回当選したら大臣の椅子が見えてくると言われ、そこからは実力勝負です。現に、この五人も全員が総理大臣の椅子につきましたが、年齢順でも当選回数順でもありません。

この人たちの言動を見る時、年齢・当選回数・現時点での肩書の三つが常に交錯するので、興味がある人は気を付けて読んでみてください（もちろん、面倒な人は気にしなくて良いです）。

明治大学雄弁部

さて、主人公の三木の話をしましょう。

三木の伝記的研究は、三木の残した史料が明治大学に寄贈されて公開されていることもあり、何をどう調べればよいかが明確です。お薦めは、小西徳應《とくおう》編著、明治大学史資料センター監修『三木武夫研究』（日本経済評論社、２０１１年）です。本書でも、特に断らない限り、三木の伝記的な部分は同書によります。監修をしている同センターには大量の一次史料が残っていますので、興味がある方はどうぞ。

三木の実家は、それなりに裕福な肥料商でした。一人っ子で、両親に大切に育てられたようです。勉強はできる方だったようですが、特に大秀才と言うほどでもなかったようです。高校は徳島県立商業学校に進みました。

三木の若いころの話で必ず引用されるのが「バザー事件」です。

三木が亡くなったとき、自民党の元首相が亡くなった場合の慣例に従い、当時野党第一党党首だった土井たか子が演説し、その中に「高校時代に野球部のマネージャーとしてお金を稼ぐためにバザーをやったら学校側が取り上げてしまった。そこで不正経理を追及するためにストライキをやったので、学校を追い出されてしまった」という話が引用されました。若いころから「クリーン三木」の真骨頂のような紹介のされ方でした。詳しく説明すると、大正十四年（一九二五年）七月、野球部強化のための資金集めに際し、バザーの会計に不正があるとして四年生を中心に校長の追放運動が発生。三木はリーダーの一人として校内中を説いて回るとともに校長にも迫る。さらに四年生全員が連判状を書いて集会。三木ともう一名の同級生が首謀者とされ退学処分になった、という事件です。

この後、三木は兵庫県の中外商業に転校し、明治大学に入ります。旧制高校の受験には失敗して落ち込んだようですが、浪人は嫌だと気を取り直して明治大学を受験したとのことです。

当時のエリートは、旧制高校から帝国大学、そして高級官僚の道を歩んでいました。官僚政治家からしたら三木は、「俺らが軽く受かった試験に落ちた奴」という格下意識なのです。特に福田赳夫など、東大から高等文官試験首席で大蔵省入省のスーパーエリートですから、三木などはるか格下の存在です。それは後の話として。

徳島にいた時から、三木は弁論が得意でした。明治大学では雄弁部に所属します。

雄弁部とか弁論部とかは大学によって名前が違うので、気にしないでください（例、中央大学辞達学会、早稲田大学雄弁会、一高東大弁論部、など）。三木は日本列島を遊説するだけでなく、樺太・台湾・朝鮮まで雄弁部で演説旅行に出かけたようです。

三木の学生時代は昭和初期ですが、まだラジオが普及しておらず、演説が娯楽として成立する時代でした。「憲政の常道」と呼ばれる政党政治の絶頂期、演説華やかなりしころです。政治家の演説がレコードに吹き込まれて売られている時代です。弁論部員が海水浴に行った時、一日遊ぶ金が欲しさに「テント張って、そこで演説会をやったらすぐに満員になったので、お金を稼げた」という、牧歌的な時代でした。

また、このころの弁論部は大学単位で固まるのではなく、インカレサークルでしたから、社会に出てからの人脈にもつながります。特に、評論家の三鬼陽之助は三木と同時代に法政大学弁論部に属しており、終生の付き合いでした（三鬼陽之助『三木武夫 交友50年の素顔』サンケイ新聞社出版局、１９７５年）。

三木は明治大学在学中、アメリカに合計五年いました。遊学のための費用を企業回りで集めようとしましたが足りず、両親の援助を受けました。苦学しながら、アメリカン大学で文学修士号を授与されたことになっていますが、特に英語が上手だったわけではなく、政治家になってからも大事な話の時は必ず通訳をつけていました（最も信頼されたのは、国弘正雄と言われる。国弘は同時通訳者として有名)。この時、世界で見聞を広めたことが、本人は財産と思っていたようです。特に、一九二七年ジュネーブ海軍軍縮会議で、世界的有名人だったフランス外相ブリアンの演説を聞いて感動したことは、総理大臣時代にランブイエサミットを経験する三木に影響を与えています。

三十歳で三木は明治大学を卒業します。就職先はどこか。

三木は、衆議院選挙への出馬を決意します。

「神風候補」初当選

時は昭和十二年。既に「憲政の常道」は無く、時の総理大臣は林銑十郎《せんじゅうろう》陸軍大将でした。林は予算が衆議院を通過するや、「既成政党を懲罰する」などと称して、解散総選挙を断行します。予算が通るまでは、二大政党に米つきバッタのように腰を低くしながら、議会を可決するや手のひら返しでこの態度でしたから、世論の反感を一身に買いました。さりとて、当時の二大政党は——立憲政友会と立憲民政党と言いましたが——その腐敗と無能が国民に呆《あき》れられて、政党政治が立ち行かなくなっていたのです。

立候補翌日の昭和十二年四月十日、三木は明治神宮と靖国神社に参拝し、「私は誓って既往多くの政治家がとったような、不浄、不純は致しませぬ」と誓い、当選後に一冊十銭で配布した手記でも「誓って不善を為さず、断じて謀議に参画せず」と書いています（大江司之編著『元総理　三木武夫　議員五十年史』日本國体研究院、１９８８年、p.85、p.97）。

この選挙で三木は「神風候補」と呼ばれ、見事に当選します。この年四月、朝日新聞社の東京〜ロンドン訪欧飛行「神風号」が成功して大ニュースになっていました。同月の総選挙で無名の三木が急遽《きゅうきょ》選挙区に駆けつけたさまを、「地元新聞は『神風候補』とはやし、三木もこれに乗って『神風候補』と名乗った。マスコミ、とくに朝日新聞は身内の心情で連日『神風候補三木』を報道した。三木の知名度が一挙にひろまったのはいうまでもない」ということだったそうです（『われは傍流にあらず』p.19）。

景気のいい話です。代議士は簡単になれる職業のように思えてきます。よく、「アメリカに四年留学したあと戻ってきて三十歳で明治大学を卒業し、学生から国会に直行した。後に代議士となる、早稲田の雄弁会の学生だった石田博英《ひろひで》が、学生服で選挙活動しては馬鹿にされるので、フロックコートをお父さんから借りて自転車で徳島県を回り、ほとんど市議会議員選挙のようなことをして当選した」などと語られます。

石田自身も、「私は吉村先生がヨーロッパで三木君と知り合った縁故で、先生と一緒に一ヵ月、徳島に応援に出かけた。父のフロックコートを借用して、学生であるなどとはおくびにも出さないで」と語っていますから（石田博英『勝負の孤独』東京書房、1958年、p.55）、部分的には事実です。ちなみに吉村先生とは吉村正早稲田大学政経学部助教授（当時）のことで、後に自民党中央政治大学院長を務めています。しかし、そんな選挙のやり方を本当に真に受けて信じたら、絶対に落選するに決まっています。

三木は民政党の公認は取れませんでしたが、地元の県議市議の支援を受けていました。地元の有力者に支えられれば強いのは当たり前です。それを、「戦前のことなんて誰も知らないだろう」と思って、さも徒手空拳でのし上がったかのように語っていました。

「憲政の神様」尾崎行雄の隣

最年少議員の三木が真っ先に国会に登院したら、迎えてくれたのが、憲政の神様、最年長議員の尾崎行雄でした。孫引きで申し訳ありませんが、「三木の『日本の進路』と題した手記には、昭和十二年四月、弱冠三十歳、最年少の代議士として初登院したときを回顧して、『最長老、憲政の神様といわれた尾崎翁が私と同じ国会の第二控室という小さな部屋にいて、私の手を握り「三木くんおめでとう、しっかりやってください」といって激励してくれた。その手の感触をいまも忘れられない。その初一念を貫くべく……』と書いている」（『田中角栄とその弟子たち』p.35）とのことです。

するとと三木は、最年長議員と最年少議員とで、常に二人で写真を撮ってマスコミに売り込んでいます。三木が何の肩書もないので選挙の時の職業は「著述家」を名乗ったほどなので、話題性も中身もまったくありません。しかし、大物プレイ、イメージ戦略だけは後年のマスコミ使いの片鱗があります。初出馬の時からクリーンイメージを派手に振りまいていますが、三十歳でいきなり代議士になれるくらいですから、逞しさがない訳がありません。今ではこういう訳のわからないパフォーマンスだけ真似している人がかなり多いのが困りものですが。

三木武夫のすごかったところは、「どこに権力があるか？」の嗅覚だけは素晴らしいことでした。選挙で民政党系の人たちの支援を受けても、「もうそこに権力がない」と民政党には入りませんでした。既成政党でしがらみに縛られるよりは、「憲政の神様」の隣にいて、「最年長と最年少の議員」ということで注目される方が良いと判断したのです。

選挙後、林内閣は退陣し、近衛文麿が内閣を組織しました。組閣直後の七月には、支那事変が勃発し、世相は戦時体制に突入します。

議会の力は弱まり、近衛文麿の側近、あるいは陸軍の人たちの力が強まっていました。この時代、政友会と民政党の幹部クラスの代議士を、鉄道大臣や逓信《ていしん》大臣といった軽いポストに一つか二つ就けるくらいで議会対策は十分、と二大政党は軽く見られていました。

三木は、民政党という凋落《ちょうらく》している政党には入らず、無所属という立場を取っています。政界がどうなろうが動けるように自分のポジションを当選一回にして確保していたわけです。

「党に入った方がいろいろなポストにありつけるのかな？」と考えてもおかしくないのに、「ここに権力がない」と思ったら適当な距離を保つ。そういう嗅覚、単なるパフォーマンスだけではない嗅覚はあったのです。

三木には、そういう生き方ができるだけの才覚と経済的な裏付けがありました。

森財閥・睦子との結婚

意外ですが、三木は商売上手です。映画で儲けたりもしています。

昭和十四年（一九三九年）二月末に亡くなった齋藤博駐米大使の遺骨は、アメリカの海軍巡洋艦アストリア号で日本まで送り出されました。開戦二年前で、この時の日米関係は極めて険悪でした。それでも齋藤は名外交官として知られ、アメリカの親日派も齋藤を頼っていたような、日本外交史に残るような逸材でした。当時は、日米双方で有名人です。アストリア号を迎える歓迎事業の一環として、三木はその様子をニュース映画「還る齋藤大使」にまとめることに尽力しました。英語版も制作され、帝国ホテルでそれを記念する晩餐《ばんさん》会・試写会も行われています（『三木武夫研究』pp.147-149）。三木睦子によれば、その配給権の一部を譲られた三木がそれを船会社に売り、船の中での上映が当たって「まだ三十そこそこの青年としては、びっくりするようなお金持ちになっ」たとのことです（三木睦子『信なくば立たず』講談社、１９８９年、pp.60-61）。

財界の大物で、近衛首相に乞われて日本銀行総裁を務めていた結城豊太郎元蔵相には若いころから可愛がられていました。結城は、三木が通学した中外商業学校の理事長であり、明治大学在学中には結城の家に出入りしていたほどとのこと（徳島新聞社編『宰相・三木武夫』徳島新聞社、１９７５年）。とはいうものの、最近の研究では、若いころから結城とそんなに親しかったかは疑問らしいですが（『三木武夫研究』p.105）。

天野歓三「理想を失わないバルカン政治家」（『われは傍流にあらず』）によると、結城が三木の初立候補の際、当時の河原田稼吉《かわらだかきち》内務大臣に「徳島から三木という若者が出るからよろしく」とひとこと頼んだとのことです。ちなみに、内務省というのは、警察や選挙を司る役所です。

また、前章で森財閥との結びつきをお話ししましたが、三木に森睦子との結婚をすすめたのは結城です（『信なくば立たず』）。初当選の年から三木は森家に出入りし、睦子とは顔なじみでした。結城に媒酌人を務めてもらい、二人は昭和十五年（一九四〇年）六月二十六日に結婚しています（増田卓二『実録　三木武夫』ホーチキ出版、1975年、p.50）。睦子は大正六年（一九一七年）生まれで、三木より十歳下でした。三木は政治家として誰かの側近として仕えることは無かったのですが、ちゃんと引き立ててくれる人は見つけていたのです。

なお、三木は当然ながら森財閥の利益代表の代議士としても活動します。それ自体は特に悪いこととも言えませんが、「クリーン」を売りにする三木の実像は、生前はまるで語られていませんでした。

三木に限らず、この時代に議員を務めた人は戦時中のことを語りたがりませんでした。戦時体制で議会の力そのものが弱く、後ろめたいことだらけなのですから。

後年の三木は「議会の子」を名乗っていましたが、反軍演説事件では斎藤隆夫代議士除名に賛成票を投じています。

反軍演説事件とは、三年たっても解決のメドが見えない支那事変の中、斎藤隆夫代議士が時の米内《よない》光政首相に対し、「国民が苦しい生活に耐えて事変に協力しているのに、政府はどのような方針で解決するのか、まったく見えないではないか。聖戦だの東亜の安定だの、雲をつかむような話をするのではなく、具体策を示せ」と演説したのに対し、軍の反感を恐れた議会が頼まれもしないのに斎藤を除名したという事件です。斎藤の演説はよく聞くと「真面目に戦争をやれ」とも取れる内容ですし、「どうやったら勝てるのか考えているのかを聞きたい」と質問しているのですから、それが許されないとしたら何を聞けというのか。しかも言われた陸軍の軍人たちが、「痛いトコロをつく」「さすが斎藤代議士」とうなったほどなのです。ところが当時の世論は戦時体制一色、流行語は「ぜいたくは敵だ」で、つべこべ言わずに戦争に協力しろという風潮です。そんな空気に水を差したら、代議士たちは選挙で落選するのではないかと恐れたのです。もちろん、軍部に対する忖度《そんたく》もありました。

そんなこんなで、議会は時流に流され、正論を吐いた斎藤代議士を除名します。この時、青年代議士だった三木が特別な行動をとったということはまったく無く、みんなど一緒に斎藤を除名する方向に回りました。

非推薦で戦った翼賛選挙

こういう自分の黒歴史を隠して、三木が戦時中の事を語ったことがあります。対米開戦に反対し、軍部に弾圧されたということです。

確かに三木は、学生時代にアメリカに長期留学するなど、当時としては国内有数の知米家です。また、「日米戦うべからず」を唱えていたのも事実です。映画「還る斎藤大使」を企画したのも、地道な文化事業の一環です。

この時流で親米を訴えるのに、三木は大物を担ぎ出しました。伊藤博文の助手として大日本帝国憲法を創った、枢密顧問官の金子堅太郎です。金子は官界の最長老ですから、軍人も手が出せません。金子を会長にした日米同志会を結成し、三木自身は専務理事におさまっています（三木武夫出版記念会編『議会政治とともに　下』１９８４年、p.128）。官界の最長老と最年少代議士、なんだか凸凹していますが、とにもかくにも金子を担ぎ出した手腕や抜け目のなさには感心します。

結局、こうした努力は実らず対米開戦になるのですが、非常時ということで、史上唯一、衆議院の任期が一年延長されました。三木は二回目の選挙を戦時下の昭和十七年（一九四二年）に迎えます。悪名高い「翼賛選挙」です。

三木は後年まで東条英機が主導した翼賛選挙を強く批判し、「『この選挙に納得がいかないからこそ、私は自ら進んでこの選挙に立候補するのである』と、あくまで権力に対抗する意志を崩さなかった」と述懐しています（『元総理　三木武夫　議員五十年史』pp.106-107）。

当時の東条英機陸軍大将は、「陸相が首相を兼任した」と称されるほど戦時体制を前面に押し出し、内相も兼任して選挙を取り仕切りました。衆議院の全政党は既に解党し、ほとんどの議員は「大政翼賛会」と称する院内会派に所属していました。東条は自分に忠実な議員を大政翼賛会の推薦候補とし、選挙資金を潤沢に支援しました。一方、推薦に漏れた議員は演説もままならないほど、警察の妨害を受けました。「翼賛」といえば、恐怖政治の代名詞のように言われています。それはそれで一面的には間違いではありません。

現に、同じ明治大学の雄弁部の先輩の大野伴睦《ばんぼく》などは落選しています。鳩山一郎とか芦田均とか、後に首相になる圧倒的な選挙地盤を持つ大物たちは非推薦でも当選しましたが、そういう人はごく少数でした。非推薦立候補の当選者は六百十三人中八十五人しかいませんでした。

三木が立候補した徳島二区では、大政翼賛会が三木という姓の候補を他に二人立てたため、同じ二区で三木という人が三人立つことになりました。その同姓の翼賛候補の三木与吉郎も当選したので、戦後も二人で常に徳島県政をめぐって争うことになるのですが、それは後の話。とにかく、その苦しい選挙を、三木は勝ち抜きました。

ただし、三木が推薦されなかったのは、特にリベラル思考の持ち主だったとか、そういう理由ではまったくありません。「もっと当選しそうな人を立てよう」というのが内務省の判断だったようでした。推薦を受けた候補者がいずれも地元の有力者や長く県議を務めた者、当選回数の多い現職議員である一方、若手で地盤の弱い三木は当選見込みなしとして推薦しなかったと考えられます。それでも三木は翼賛議員同盟に所属していたので、決して軍に非協力的な議員ではなかったのですが（『三木武夫研究』p.155、pp.158-159）。

それどころか、三木は「なんで俺みたいな愛国政治家を推薦しないんだ！」と怒っていました。演説会で、「何故推薦されなかったか納得ができないと訴えた。私は日本人である。国家国民を愛する心情は誰にも負けるものではない。他の候補者に劣るものではないと叫びつづけた」という記録が残っています（竹内桂「翼賛選挙と三木武夫」『政治学研究論集』第37号、2013年2月、p.8）。

また、翼賛選挙の最中に、晩年の頭山満《とうやまみつる》の支援を得たりしていました。これまた金子とは違った意味で、東条英機すら手が出せない右翼の超大物です。頭山は推薦状を書き、「終始愛国の熱情を以って大政翼賛のため努力致されたるは小生の堅く存知する所」という文言で三木を推薦しています（「翼賛選挙と三木武夫」p.11）。この一筆があると、「頭山翁が支援している候補が、なんで非愛国なんだ!?」と触れ回れます。ただし、監視が厳しいとその手を緩めます。場の空気を読んで、「どこまでなら行っていいか、どこからは引き揚げようか」という、絶妙な空気の読み方、まさにその嗅覚こそが、バルカン政治家の原型であり、戦いの中で培われたものでした。

そんなこんなで、三木は翼賛選挙を勝ち抜きました。ただ、当選してからの三木はおとなしくしています。アメリカと国が亡びるかどうかの戦争をしている時に、一代議士にすぎない三木が暴れようにも暴れようが無かったというのが実情ですが。

戦時中の議会で三木は、軍需省にも色々擦り寄っていっています。森財閥の利益代表ですから、産業界を管轄する軍需省に近づくのは自然です。今風に言えば、商工族の族議員です。昭和二十年五月には鈴木貫太郎内閣で軍需参与官に就任しました（竹内桂「協同民主党入党までの三木武夫」『政治学研究論集』第38号、2013年9月、p.19）。今の政務官です。この時は、旧政友会の領袖だった金光庸夫《つねお》の推薦があったとのことです。

ちなみに当時の軍需省（旧商工省、戦後は通商産業省となる）の大物と言えば、岸信介です。三木は戦時下の時局を打破しようと、「岸新党」に動いたこともあったようでしたが挫折しています。衆議院書記官長を務めた大木操の『大木日記——終戦時の帝国議会』（朝日新聞社、1969年）、昭和二十年二月四日の条には、三木が岸信介の率いる護国同志会に参加する話があったようだが、結局大日本政治会に所属することになったことが記されています。

戦後に政界入りしてからの岸は、死ぬまで三木を毛嫌いしていましたが、こういう因縁が響いたのかもしれません。

とにもかくにも、当選一、二回の代議士にすぎない三木に大した活動ができる訳がありませんが、東条英機の翼賛選挙を非推薦で勝ち抜いたことが、戦後に塞翁《さいおう》が馬となります。

第3章　バルカン政治家の誕生

小政党を次々と合併

多くの日本人が敗戦で打ちひしがれ、自分が何をすべきかを見失っていました。政治家の端くれであった三木も敗戦責任を感じ、引退しようかと考えたようです。しかし、議員辞職することもなく、他に生きる方法もなく、あえて無所属で出馬しました。日本自由党を結成した鳩山一郎からの誘いもありましたが、自分へのけじめとして政党の応援を受けず、政治家を続けてよいかを選挙民に問うたということです。

昭和二十一年（一九四六年）、敗戦直後の最初の総選挙で、三木武夫は当選します。大混乱期に加え、占領軍は戦前に大政翼賛会に属した代議士を公職追放と称して職を奪いましたから、玄人の政治家はほとんどいなくなります。占領軍は、自分に逆らう政治家も片っ端から追放しました。鳩山一郎やその側近の三木武吉《ぶきち》と河野一郎などは、東条英機と最後まで戦った政治家でしたが、占領政策を批判したことで因縁をつけられ、追放されます。石橋湛山《たんざん》に至っては、戦前戦中と一貫した自由主義言論人としての経歴が認められ蔵相として入閣していたのに、占領軍に楯突《たてつ》いたという一事で追放されました。実に恣意的な基準で追放される時代でした。

ここで三木が戦前、翼賛選挙に非推薦で戦ったことが生きてきました。厳密に三木の経歴を見れば、特に戦争反対をしたわけでもなく、翼賛政治会などには属しているのですが、そういう細かいことは占領軍には関係が無かったということです。

占領初期、三木は上手く立ち回ります。

素人政治家が大量当選する中、政党は離合集散を繰り返します。三木は少数派を巧みに糾合していきます。

政治は占領軍総司令官であるダグラス・マッカーサーの命令や示唆の範囲でのみ行われます。西太平洋から東アジアに君臨した大日本帝国がほとんどの版図を失い、それだけの範囲に広がっていた日本人が狭い日本列島に閉じ込められるのです。しかも敗戦で物資は足りないのですから、誰がやっても上手くいきません。

短命政権が続き、早くも戦後二回目となった昭和二十二年の総選挙では、吉田茂首相率いる日本自由党は、第二党に転落します。吉田は、「憲政の常道」を理由に下野を宣言しました。

この時、三木は七十八人の代議士を擁する国民協同党書記長になっています（総選挙で約五十人が議席を失うが）。あまりにも細かい政党の動きなので省略しますが、この党からして国民党と協同民主党が合同してできた新党です。三木武夫は敗戦後のたった二年間で、たった一人の無所属議員から、次々と合併、M＆Aを繰り広げながら仲間を増やし、片山哲の日本社会党、芦田均の民主党とともに三党連立内閣を作ります。この間、大政党を向こうに回し、立ち回りを繰り返していました。

少数勢力を糾合しながら一定の勢力を主張する、〝バルカン政治家〟の誕生です。

三木武夫のアダ名の元になったバルカン半島は、常に三大勢力が角逐していて、その中で小勢力は一夜にして敵味方が入れ替わってしまうことも日常茶飯事という土地です。そうして大国を手玉に取るようでなければ生き残ることができません。そういう叛服《はんぷく》常なき政治がバルカン政治と言われるようになり、三木武夫があまりにもえげつないのでバルカン政治家と言われるようになりました。三木は、このアダ名に最初は怒ったらしいですが、「バルカン政治家とは愛国政治家だ」と最後には開き直っています。

後年の三木のイメージは〝理想主義者〟ですから、「理想を持ったバルカン政治家」と述べることも多くありました。たとえば、「世間では、私を評してバルカン政治家という人がいる。私はこれを汚名とは思っていない。むしろ理想をもったバルカン政治家でありたいのである」(「理想もつバルカン政治家に――保守政治改革の原点――」『元総理　三木武夫　議員五十年史』p.499)、あるいは「私はバルカン政治家でも、建設的バルカン政治家だ」(中村慶一郎『総理の器』光文社、1996年、p.67)とか。

ちなみに睦子夫人は、バルカン政治家と呼ばれて、最初は三木は「けしからん」と怒っていたが、晩年は反対に「そんなもんかね、いや、バルカン政治家といったら愛国の政治家で……」と三木自ら雑誌に書いたことを紹介しています（『信なくば立たず』p.178）。

「三党首会合」で大物プレー

この昭和二十二年総選挙、帰京の列車で三木は偶然にも社会党書記長の西尾末広と同席します。結党一年の社会党が政権担当準備もできていないのに第一党になったことで、西尾は慌てていました。この時の三木とのやり取りが、おかしなものです。西尾が「三木君、大変だ。社会党が第一党になったよ。どうしようか」と途方に暮れると、三木は「じゃ、新橋で降りて相談しよう。僕が助けるよ。君、やりたまえよ」「連立内閣を作ってみてはどうだ」と提案し、「ともかく手伝うからやってみたまえよ」と励ましたというのです（『信なくば立たず』pp.92-93）。西尾は戦前からの社会主義の闘士で当選七回五十六歳のベテラン政治家、三木は当選四回四十歳の青年政治家。どっちが先輩かわかりません。

しかし、とにもかくにも、社会・民主・国協の三党連立政権が成立しました。三木は逓信大臣として初入閣します。とはいうものの、三木は政治歴ではたかだか十年ですから、本来は最前列に並べる立場ではありません。組閣写真でも最前列には居ません。しかし、事あるごとに片山と芦田に「三党首会合」を申し入れて、片山総理・芦田副総理と自分が並ぶ。総理大臣と対等であるかのようなイメージを振りまくという大物プレーをするわけです。

三十人ほどの小政党で、他の与党だけで約二百七十人いる衆議院を振り回すわけです。このころの田中角栄や中曽根康弘は、一年生議員でした。彼らは大政党で今から階段を登って行くことになります。三木も大政党に居たら頭角を現せないでしょうが、小なりといえども党首なので、総理や副総理に交じって三分の一の発言権を行使し続けたのです。

片山内閣は自分の党である社会党の内紛を抑えられず、わずか十ヵ月で退陣に追い込まれました。戦前日本に確立した民主政治の慣行である「憲政の常道」によれば、「与党が政策に失敗した場合は、野党第一党に政権を明け渡す」ことになっていました。そこで野党第一党である自由党総裁の吉田茂が、「憲政の常道に従って我が党に政権を返せ。そして総選挙でもう一回やろう」と呼びかけます。ところが、占領軍は吉田を嫌っており、副総理の芦田均に政権をたらいまわしさせます。第三党党首による政権は日本憲政史上初めてですが、占領軍は「これが民主政治だ！」とばかりに押し切ります。確かに、それは日本国憲法ではまったくの合憲でした。しかし、国民世論は、芦田内閣に背を向けました。

そうしたところに、昭和電工疑獄（昭電疑獄）が起きます。昭和電工はもともと三木の妻睦子の兄、森曉《さとる》が経営していましたが、日野原節三に乗っ取られていました。その日野原が汚職で逮捕されたのです。三木睦子氏曰く、「こちらは常に被害者で、加害者になったことは一度もない。だから選挙民はわかってくれています」とのことです（『信なくば立たず』pp.106-109）。どんな災難が降り掛かってきても、三木は「若くてクリーンな、清潔な政治家だ」というイメージで自分を守っていました。目の前で「負けたら逮捕されて刑務所に放り込まれる」という政争の渦中に居ました。「負けたら刑務所」という政争は比喩ではありません。

史上最年少総理を蹴る

この疑獄で芦田内閣は、これまた七ヵ月で退陣に追い込まれます。ちなみに、後に無罪となりますが、前首相の芦田均や大蔵省の主計局長だった福田赳夫も逮捕されています。

占領軍は事ここに至っても、吉田茂の政権を阻止しようとします。なんと占領軍最高司令官のマッカーサーは、二度も三木を呼び出して、組閣を命令したのです。マック曰く、「お前総理大臣やれ」です（『信なくば立たず』pp.111-112）。つまり、「今の連立与党の枠組みで、日本国憲法でこれは全く違憲ではないのだから、三十人の党首とはいえ、お前が総理大臣をやれ」と、「数の力なんて、社会党や民主党や、自由党にだって命令すれば言う事は聞く。俺は聞かせられるんだから」ということです。

冷静に考えれば、マッカーサーに逆らったら「良くて社会的に抹殺」、公職追放されてしまいます。しかも、最近色々明らかになってきているキャノン機関やら何やらで、いろいろな暗殺事件も多発していました。「神より偉いマッカーサー」と言われていた時代だったのです。

ところが、齢《よわい》四十一歳の三木武夫は、「アメリカにデモクラシーがあるのなら、日本には憲政の常道がある。誰かが命令して数の力を無理やり権力で作って内閣を組織するなどという伝統は、我が国にはない」と言って断ったのです。睦子の回想によれば、「マッカーサー、あなたは民主主義の国から来たのでしょう」という言い方をしたそうです（『信なくば立たず』pp.112-113）。

いかに三木武夫を批判する人でも、日本人ならばこの一事だけは褒めて然るべきでしょう。これは命がけの行動でした。よく「野蛮な日本人がマッカーサーにデモクラシーを習った」という話がありますが、そんなことは全然ありません。日本には日本流の憲政の常道があるのであって、たとえ占領軍でちょっと戦争に勝ったからといって、日本人にものを教えてやるなどと偉そうなお説教をされる筋合いはないのです。

ちなみに三木に憲政の常道を説かれたアメリカ人の方は、「このピンチを突破する方法は吉田茂を次の首相にすることだ」とだけ理解したそうです（ジャスティン・ウィリアムズ／市雄貴、星健一訳『マッカーサーの政治改革』朝日新聞社、１９８９年、pp.74-75）。

通訳の松本滝蔵が正確にはどう訳したかの記録はありませんが、「憲政の常道」は「Normal constitutional practice」です。アメリカはpractice（慣例）で動く国ではありませんので、本当に理解できなかったのでしょう。

この時、三木が受けていれば、伊藤博文の四十四歳、近衛文麿の四十五歳を抜いて、史上最年少総理でした。

後に三木は「あそこで受けたら、そこで終わっていた。僕も二十年は代議士を続けたかったからねえ」などと語っていたそうです。結局、権力の行方を見ていただけかと、頭が痛くなります。しかし、三木のようなダメ人間であっても、横暴なアメリカ人の前に膝を屈しなかった。これは特筆大書して良いと思います。

ここで総理就任を断った三木は、このあと首相になるまで二十六年間の政治生活のほとんどを野党・非主流派で過ごします。その間、当選回数だと後輩の岸信介・池田勇人《はやと》・佐藤栄作、年齢でも下の田中角栄にまで追い抜かれます。政権とは、一度目の機会でつかまなければ二度目があるとは限らないのです。

なお、三木の秘蔵っ子の海部俊樹《かいふ》は、似たような状況でホイホイと引き受けています。三木派を継いだのは河本敏夫です。平成元年（一九八九年）、七十八歳と高齢で最後のチャンスの河本政権を樹立しようと、海部は支持を取り付けるため竹下登のもとを訪ねます。ところが、竹下は「君がやれ」と命令して終了です。当時の竹下は最高権力者です。海部は、唯々諾々と受け入れました。河本内閣の可能性は永遠に潰《つい》えました。

田中角栄の側近だった田村元《はじめ》が評したことがあります。「三木さんは常に我々の敵だった。しかし、常に茨《いばら》の道を歩んだ。偉大な政治家だった。しかし、海部さんはすぐに天ぷらの匂いに釣られる人だ」と。

三木は、野党や反主流派になるのを恐れないのです。ひとつには、茨の道を歩んででも、自分なりの理想があったのでしょう。しかしなによりも、「権力をより長く、強く握るためには、敢《あ》えてこの茨の道を歩むべきだ」という逞しさがあったのです。海部が二年だけ務めた総理大臣の時に何もできず、辞めた後にみっともない人生を歩んだのとは違います。

反吉田——官僚主義と大臣病への嫌悪

吉田茂に政権が移ると、内閣が約六年続く間、三木は徹底して反吉田を貫いています。「吉田茂は官僚主義だ、貴族主義だ」と、三木は吉田を厳しく批判しました。吉田は「大臣病患者を大量生産した」と。

実際、吉田内閣の人事はデタラメでした。吉田茂政権での人事について、秘書官から旗本の代議士となった松野頼三は証言しています。林譲治、益谷秀次、大野伴睦の「御三家」が吉田茂から人事権を委ねられており、「吉田さんは代議士の顔も知らんから、この三人の持ってきた人事に『ああ、そうか』と言ってメクラ判を押す」との惨状です（松野頼三『保守本流の思想と行動』朝日出版社、1985年、p.55）。宴会で一度見かけただけの代議士をテキトーに大蔵大臣に据えたら、予算可決で喜んで女性代議士に接吻《せっぷん》を迫り辞任、という不祥事を起こしたこともありました。泉山三六《さんろく》蔵相です。

戦前は、政党の大幹部クラスか、あるいは官僚で事務次官になって、さらにその中で優秀な人が大臣になりました。それを、当選回数を重ねれば大臣になれるようにしてしまったのが吉田茂です。「政策は官僚に丸投げし、政治家は大臣のポストで飼い慣らしておけば丸く治まる」という姿勢でした。まさに今の自民党政治の原型です。また大臣の椅子が軽くなることがどれほど困るか、民主党政権の惨状は記憶に新しいでしょう。防衛大臣が「私は素人です」と公言したかと思うと、後任は「ド素人」だった、という、あの光景の源流が吉田茂にあるのです。

吉田の人事というと、まだ当選回数の少ない官僚OBの池田勇人や佐藤栄作のような人材をどんどん登用したというイメージがあるかもしれません。しかしそれは例外にすぎません。何の実力もない一年生議員をお気に入りだからというだけの理由で幹事長に任命しようとして失敗したこともあります。

これは吉田の趣味で、「アイツ、好き」程度のレベルです。吉田というのは大変大雑把な人なので、自分の今関心のあるところだけしか見ていません。たとえば「大蔵大臣だけ動かしたくないから池田だ」とか「外相官邸に住みたいから、外務大臣は自分が兼任したい」とか、そういうときは関心があるのですが、気まぐれこの上ありません。ちなみに、高級な御屋敷で知られた外相官邸には、兼任を解いても住み続けました。

その時の吉田の権力維持にはよかったかもしれないけれども、いかにそれが結果的に今の政党政治の腐敗につながってしまったか、ということが、実は根源的にあるのです。ですから、三木の批判自体は正しいものでした。

中曽根康弘も逃げ出したえげつなさ

さて、吉田長期政権の間に民主党と国民協同党が合併して、離合集散これまたあって、改進党が結成され、吉田内閣末期の野党第一党になりました。ここで三木は幹事長の座を放さず、大麻唯男《おおあさただお》という戦前からの党人政治家と争います。大麻は翼賛政治の時に東条英機最側近として暗躍した、三木より十八も年上の人です。このベテラン政治家とまともに、弱冠四十代の代議士の三木が、野党第一党の幹事長として常に戦いを繰り広げたのです。

この時のやりとりを、中曽根康弘が当時、「あんな酷い人にはついていけない」と言って三木の余りのえげつなさに逃げ出したほどでした。「三木さんというのはバルカンだった。改進党をつくるときも、ものすごくポーカーゲームをやりましたね。二回り、三回り、四回りぐらいしないと到達できないような戦術を使う。われわれはそれが大嫌いでした」「私や北村〔徳太郎〕さんは、三木氏に対して不信感を抱いていたから、松村さんが力を持っている間はいっしょにいましたが、三木が主導権を握るようになってからは河野〔一郎〕さんの方に行きました、鳩山〔一郎〕内閣をつくるために」（中曽根康弘『天地有情』文藝春秋、1996年、p.118 なお、〔 〕は倉山の補足）。

三木は大麻に対抗するため、同じ民政党系の松村謙三を看板に立て、自分は幹事長として実権を握って野党の中の主導権を渡しませんでした。ちなみに松村というのは、公職復帰した戦前派の政治家で、今の日中記者協定を結んできたバリバリの親中派です。

長引く占領の中、公職追放を解かれた戦前派の政治家たちが徐々に政界に復帰し始めていました。三木と大麻の抗争は、「占領期おいしい思いをした戦後派」と「公職追放された戦前派」の争いでした。もっとも、三木からしたら、長期政権を築いている吉田自由党の主流派こそが「おいしい思いをした」人たちなのでしょうが。

昭和二十六年（一九五一年）、日本はサンフランシスコ講和条約に調印し、翌年の発効で独立を回復します。この条約の批准をめぐり、吉田自由党と野党で激しい駆け引きがありました。多数の国と講和を結び一刻も早く独立を回復すべきだとする吉田与党と、ソ連も含めたすべての国と講和を結ぶ努力をすべきだとする社会党の対立です。この対決は、もろに米ソ冷戦の代理戦争でした。

そもそも長い占領を続けるアメリカが、急に日本の独立を認める気になったのはなぜか。前年から苦戦が続いている朝鮮戦争です。アメリカは韓国を守るべく、国連軍を組織して中国と激闘を繰り広げていました。一進一退でアコーディオン戦争と呼ばれる激戦です。もし日本が共産主義の中国、その背後のソ連に寝返ったら。実際、ソ連や中国は日本寝返りの工作をしていました。社会党左派などは、完全にソ連の回し者でした。マスコミも応援して、吉田内閣を攻撃します。

いつまでも占領を続ければ日本人のアメリカへの反感は高まる。しかし、米軍がいなくなれば、ソ連や中国は軍隊の無い日本を簡単に占領するだろう。それは避けたい。

ジレンマに苦しんだあげくに出した結論が、講和条約で日本の独立を認める。しかし、日米安保条約を結び、翌日からも米軍は日本に駐留し続ける。

この時の論争は国を二分しました。最も深刻だったのが社会党で、党が右派と左派に分裂してしまいます。安保条約締結には右派左派ともに反対でしたが、講和条約に関しては、右派は賛成でした。

では日本が独立主権を回復し、国際社会に復帰するという大講和会議に、野党第一党の国民民主党（まだ改進党にはなっていない）はどうするのか。

交渉役になったのが、国民民主党幹事長の三木武夫です。三木は国民民主党の協力を徹底的に高く吉田に売りつけました。

吉田を土下座させて講和に賛成

『元総理　三木武夫　議員五十年史』（pp.194-199）によると、民主党との話がなかなかまとまらないことに業を煮やした吉田が、「全権団は、自由党単独でいい！」とブチ切れ、側近の麻生太賀吉《たかきち》・林屋亀次郎・稲垣平太郎らによってたかって諭されます。麻生（太郎の実父）は吉田の政治資金を一手に引き受けていますから、聞く耳を持たざるを得ません。結局、吉田の一任を受けて麻生が苫米地《とまべち》義三国民民主党最高委員長の私邸を訪ね、ようやく正式に臨時国会の開会と国民民主党の全権団参加を取り決めたという一幕がありました。国会開会後もさらに揉めて、三木らは「平和条約調印のためには全権を出すが、日米安保条約調印のためには出さない」と言い出します。党内も割れる寸前になりましたが三木らの主張が通り、政府もやむなくこれに譲歩します。

お気づきになりましたでしょうか。三木の政策が、見事に親米保守の自由党とソ連の手先の社会党の、ちょうど中間であることに。大義名分は、「国民全体で民主的に決めるべきだ」と、自党のメンツだけを立てさせる。与党の吉田としては、一党の意思だけでなく、幅広く国民がこの会議を望んでいるという演出が欲しい訳です。三木はそこを最大限に突いているのです。

こうした政治手法が、当時は純情なナショナリストで、「青年将校」「緋縅《ひおどし》の鎧《よろい》を着た若武者」などと呼ばれた中曽根の目には、「三木さんのえげつなさには付いていけない」となるのです。

歴史の教科書で、サンフランシスコ講和条約は与党以外も含めた全権団で調印した、安保条約は吉田茂ひとりで調印した、と教わります。背景は、こういう政治的駆け引きの結果だったのです。

とはいうものの、三木の凄いところは、最初から落としどころを心得ているところです。中曽根曰くの、「二回り、三回り、四回りぐらいしないと到達できないような戦術を使う」ですが、最後は「バルカン政治家とは愛国政治家」なのです。

終わってみれば、吉田茂は三木の協力のおかげで、時の政権を担う与党一党の意思だけでサンフランシスコ講和条約を結んできたのではなく、野党第一党の協力も得て、ほぼ挙国一致に近いような、国際社会に対して「日本人の総意です」という形を演出する格好で、「政権交代したからといって変わりませんよ」との意思を示すことができたことになります。

三木は国益をかけた話であっても、徹底的に政争の具にする。でも水際で一歩止めるのです。そういう時はとことんまでやらないで、吉田茂という、もう七十歳を超えるおじいさんを土下座させて自分の面子を保って引く。

絶妙な駆け引きです。

逞しい、バルカン政治家です。

第4章　グダグダ政治の乗り切り方

吉田vs.鳩山抗争の真相

サンフランシスコ講和条約が昭和二十七年四月二十八日に発効すると、占領中に追放されていた政治家が続々と帰ってきました。その代表が鳩山一郎です。

この鳩山一郎が党人派の代表として、官僚政権の牙城である吉田茂に対して激しい政権抗争を挑む、という大嘘で語られるのが戦後政治史の常です。部分的には、それも間違いではないのですが……。

「官僚派」というのは説明が簡単で、官僚出身の政治家の事です。吉田が、大蔵次官の池田勇人や運輸次官の佐藤栄作をはじめ、多くの高級官僚出身の政治家を登用したので、吉田派は官僚派と言われます。吉田の後、佐藤の兄の岸信介、そして池田・佐藤と相次いで官僚出身の政治家が政権に就き、それぞれ長期政権を築いたことから、彼らの系譜に連なる人たちを「保守本流」と呼ぶこともあります。

「党人派」というのは、非官僚出身の政治家の事で、地方議員や秘書、あるいは他の職業を経て国会議員に当選した政治家の事を指します。弁護士の鳩山一郎、ジャーナリストの石橋湛山、会社経営者の田中角栄が当てはまります。

本書の主人公の三木武夫も、党人派です。六年に及ぶ吉田政権に対して常に敵対していましたから、官僚批判の急先鋒と看做《みな》されていました。

ただ、「吉田官僚派vs.鳩山党人派」という構図を強調しすぎると、何がなんやらわからなくなります。

吉田御三家と呼ばれた林譲治・益谷秀次・大野伴睦は、全員が党人です。「奉行」の一人を自任した田中角栄や、吉田の首相秘書官を務めた松野頼三と坂田道太は党人になりますが、吉田派です。何より、吉田が官房長官・副総理として後継者に指名した緒方竹虎は朝日新聞重役で党人です。

鳩山の周囲には、公職追放されていた戦前派の政治家が主に集まっていました。鳩山の軍師を務める三木武吉（弁護士）、戦前の政友会以来の側近の河野一郎（朝日新聞記者。選挙出馬の餡付けの為に農相秘書官に）、それに石橋湛山などは党人です。三木武吉とは戦前の民政党以来の仲の松村謙三も、県議出身の党人政治家です。しかし、商工省のエースだった岸信介とも気脈を通じていますし、改進党の総裁となる重光葵《まもる》は外務省のエースでした。二人とも次官から大臣を経験しています。

吉田派にも党人派が多数いるし、鳩山派にも官僚出身者はいます。何より、緒方側近の石井光次郎は内務官僚をやめた後で朝日新聞に入社していますので、官僚であり党人です。同じく内務省出身の中曽根康弘も、あまり官僚出身者としては扱われません。

この、「官僚vs.党人」という構図を広めたのは、戸川猪佐武《いさむ》の『小説吉田学校』です。この作品は、何度も劇画化されて、今でもコンビニ漫画として売られているロングセラーです。それだけに影響力は大きく、学者でも、実際の政治の世界の人でも、影響を受けていない人を探す方が難しいほどです（二十一世紀に入ってからは、『吉田学校』も読んでいないのか、という場面にでくわすことが多くなりましたが）。

鳩山の追放解除がなされる昭和二十六年から、吉田が退陣に追い込まれる昭和二十九年ごろまで、政界は三大勢力が争います。

政権を握るのは、吉田茂の自由党。サンフランシスコ講和条約で独立を回復するという偉業を達成しても、権力を放しません。吉田の周りには、後継者の緒方竹虎、御三家の林譲治・益谷秀次・大野伴睦、「吉田学校」と呼ばれる藩屏《はんぺい》の池田勇人や佐藤栄作らが集まっています。他に、戦後台頭して一派を築くに至った広川弘禅《こうぜん》などもいます。この中で追放経験者の戦前からの実力者は、緒方竹虎のみ（小磯内閣国務大臣）。なお、東条内閣で大臣を歴任していた実力者の岸信介は、自由党内で逼塞《ひっそく》していました。

自由党内反主流派の領袖が、鳩山一郎です。まったく理由はわかりませんが、三木武吉が鳩山内閣を作るのに異様な執念を燃やします。鳩山は、自由党から出たり、戻ったり、また出たりを繰り返すことになります。鳩山・三木武吉に、河野も石橋も、追放経験者です。

野党第一党改進党の総裁は重光葵。側近は東条内閣の国務大臣として「茶坊主」と呼ばれた大麻唯男が脇を固めます。彼らに対し、三木武夫は松村謙三を守り立てて、党内で対抗します。今挙げた四人の中で追放されていないのは三木武夫のみ。

吉田vs.鳩山抗争は、鳩山派と岸派が改進党と合同することによって決着がつきます。それを考えると、吉田ら「占領期おいしい思いをした人たち派」と、鳩山ら「占領期、追放されていて怨念に凝り固まっている派」の抗争と捉えたほうがよさそうです。

現に、鳩山は日本自由党総裁として組閣直前にマッカーサーから追放を申し渡された時、親友の吉田茂に政権を「預けた」というつもりだったのです。ところが、吉田は講和という政治家としての一大偉業を成し遂げても政権の座に居座る。ならば戦って権力を取り戻すしかないと考えたのです。

グダグダ政治のはじまり

さて、吉田内閣は第一次の約一年と合わせ、合計七年二ヵ月の長期政権となりました。『小説吉田学校』では、強大な吉田政権に対し鳩山派の軍師・三木武吉があらゆる権謀術策を用いて戦い、悲劇の政治家・鳩山一郎が最終的に勝利する様子を、ドラマチックに描いています。そのおかげもあって、吉田茂には「ワンマンで物凄い指導力があった政治家」というイメージがあります。

ところが、実際は違います。吉田は誰かの側近になっていないと権力を振るえない人なのです。

たとえば戦前戦中は、牧野伸顕《のぶあき》内大臣の、大久保利通の次男であり元老に次ぐ地位にあった人の、側近です。牧野の女婿として、その引きで外務大臣になるという形で出世コースを歩んでいます。外務省では、牧野の威光によってやりたい放題をやっていました。

総理大臣としても吉田茂の絶頂期は、マッカーサーの下でウィロビーと組んでいた時期でした。ウィロビーというのは、いわゆる民政局のケージスとかホイットニーとかと徹底的に対立した人で、情報担当の参謀第二部長です。マッカーサーから「マイ・ディア・ファシスト」と可愛がられました。吉田を嫌うケージスが権力を握っていたため第一次政権は短命で終わりました。ところが、ウィロビーと組んでケージスを失脚させ、マッカーサーの後ろ盾があった時は無敵でした。ケージスを失脚させた後の昭和二十四年から二十七年の第三次内閣は、講和問題のような政策で揺れたことはありましたが、政局は安定していました。

マッカーサーがいなくなり、講和を結んで占領軍とともにウィロビーがいなくなると、途端に吉田政権は安定を欠きます。

それでもまだ三年も吉田政権が続いたのは、相手が弱すぎたからでした。吉田の最大のライバルになる鳩山一郎が弱すぎただけです。

鳩山一郎は、稀代のポピュリストでした。戦前は反対党を倒すためなら手段を択ばない「腐敗した政党政治の象徴」で、汚職で文部大臣を辞職した前科まであるのに、いつの間にか「自由主義の代表」みたいになっていました。とにかく政敵の反対のことをいうのが性癖のような人でした。子孫の方も「鳩の遺伝子」を受け継いでいるようですが。

結局、吉田は弱いけれども鳩山はもっと弱いという、まさに、グダグダの政治の状況でした。ついでに言うと、重光はさらに弱く、左右両派に分裂していた社会党に至っては、政権の行方などそっちのけで、お互いを罵り合っていました。

末期吉田内閣は、「一強」の状態でしたが、相手が弱すぎて誰も倒す人がいないからダラダラと政権が長く続いたのです。

ちなみに、三木武夫はと言うと、改進党内で大麻唯男と飽くなき派閥抗争を繰り広げていました。大麻が昭和二十七年（一九五二年）の改進党役員改選の際、三木を幹事長から降ろして代わりに川崎秀二《ひでじ》を担ぎ出そうとし、暗闘を重ねた経緯が『われは傍流にあらず』(pp.43-48) に書かれています。野党第一党も一枚岩とは、程遠い状況でした。重光と大麻は親吉田、三木は反吉田の立場でした。

もう一人の三木、武吉のシナリオ

こうした状況で、常に政局の中心にいた、というか引っ掻き回したのが三木武吉でした。よく間違えられますが、武吉と武夫は親戚ではありません。武吉の実家は香川県の一番南、武夫のそれは徳島県の一番北で、隣村どうしの関係だったそうですが。

三木武吉は、これまた『小説吉田学校』の作者の戸川猪佐武が徹底的に美化した人です。今でも、「自民党の創設者」として、たいていの総理大臣より格上に扱われます。特に総理大臣を目指していない政治家にとって、一度も大臣にならずに自民党総裁・総理大臣よりも偉いと言われている三木武吉と並べられるということが、最大の誉れのようです。青木幹雄も金丸信も三木武吉に並べられて喜んでいます。

しかし、吉田倒閣に成功する以前の三木武吉は、「民政党以来、何ひとつ成功していない人」と言われていたダメ政治家です。確かに若いころから頭角を現し、何にも資料を持たずに予算に関して質問ができるほどの政策通でした。政府の役職は、大蔵参与官だけはやっています。ただし、それだけです。

三木武吉は、吉田が日本国憲法と日米安保条約により安全保障をアメリカに委ねる政策を採っていることが許せなかったようです。彼の行動から察するに。自民党が時々思い出したように獅子吼《ししく》する党是が「自主憲法、自主防衛」です。日本国憲法のようなアメリカに押し付けられた敗戦体制を維持するための憲法ではなく自分たちの憲法を持ち、自分の国は自分で守る体制を作る。これが三木武吉の目的でした。そのためには、まず吉田政権を倒し、保守勢力を結集し、憲法改正を成し遂げ、そして自主防衛につなげる。三木武吉はこれに命を賭けます。

安倍晋三内閣が長く続いているので「自主憲法、自主防衛」が自民党の党是であるかのような錯覚を起こさせられますが、そんなことを本気で考えている政治家が何人いるかは不明です。そもそも、今や三木武吉の目的が保守合同であったとされています。

しかし、三木武吉にとって保守合同は手段にすぎませんでした。その前の吉田打倒で、三年も時間を費やしてしまいましたが。

また、担ぎ出したのがなぜ鳩山一郎だったのかというのは歴史の謎です。鳩山一郎を担ぎ出したら、「あんな駄目な奴を担いだのは三木さんのおかげだな」と誰もが思うことは間違いありません。これぐらいしか鳩山一郎を担ぐ理由が想像できません。鳩山はすぐ人を裏切りますし、すぐ泣き出しますし、すぐヘタレますし。

吉田vs.鳩山抗争と保守合同については、三木武吉だけを語れば事足ります。なぜかというと、三木武吉の上に帽子の如く載っていたのが鳩山一郎という人で、鳩山は吉田茂とケンカして自由党を出ていっては、お金がなくなると吉田に騙《だま》されてまた戻ることを繰り返す、本当にどうしようもない人だったからです。その鳩山のわがままをなんとか調整しながらシナリオを書いていたのが三木武吉でした。

三木武吉が考えていたのは、とにかく野党第一党の改進党を抱き込むということと、与党の自由党から、いかに鳩山派を引き連れて政界再編に持ち込むかということでした。

そして、この野党第一党も先に述べたように、主流派と反主流派に分かれていました。主流派が重光葵です。戦前、外務官僚だったのに、なぜか『小説吉田学校』では勝手なご都合主義で党人派の代表にされてしまっている人です。先に述べたように、戦前に駐英大使を務めたほどの外務省のエースだった重光が勝手に党人派にされるくらい、党人・官僚というのはいい加減な区分です。

CIAが暗躍した鳩山内閣成立

さて、この重光の側には東条英機の側近だった戦前派の大麻唯男がついていました。対する三木武夫は幹事長として、戦前派の、後に大売国奴となってしまう松村謙三と組みます。この松村と三木武吉は親しくしていました。

となると、三木武吉と三木武夫が仲良くできそうなものですが、三木武夫は、実際にやっていることはともかく、ポーズとして徹底的に「クリーンな政治」を当時から言っていました。「金権政治打破」「平和主義」「戦時中の反省を忘れるな」というようなことばかりを言って、三木武吉の自主憲法制定論とは反りが合わなかったようです。

何よりも、三木武吉は公職追放されていて「占領期冷や飯組」。三木武夫は占領中に当選三回の時から政界中枢にのし上がっていった「占領期おいしい思いをした組」ですから、反りが合うはずがありません。このように、それぞれの思惑や反感や人間関係があるので、なかなか組めない状況でした。

このころの吉田の政治は、行き当たりばったりです。ヤケクソで、七ヵ月の間に二回も衆議院を解散するようなデタラメな政治をやっていたのですから、ここでみんなをまとめられる強い政治家がいたら、とっくに吉田政権は潰れていたはずです。ところがみんな目立ちたがり屋で「俺が俺が」と言うので、結局吉田茂が各個撃破的に、あと先のことを考えずに人を騙して政権を維持していきました。

野党改進党は全体で八十人くらいいる中で、重光は十人くらいしか派閥を持ってないのに党首をやっており、三木武夫は松村謙三と組んで十五人かせいぜい二十人くらいしかいないのに幹事長ポストを握っていました。その他大勢は中間派です。吉田を倒せそうな人はいません。

しかし、三木武吉は只者《ただもの》ではありませんでした。折からの造船疑獄で吉田内閣は揺れます。その名の通り、造船業界が賄賂を政治家にばら撒いたという事件です。

ちなみに、三木睦子は吉田が造船疑獄で三木武夫をひっかけようとしたと疑っていますが、真相はもっと深い所にありました(『信なくば立たず』pp.122-127)。むしろ吉田は仕掛けられた側で、防戦一方でした。

自由党の佐藤栄作幹事長は検察から逮捕を請求されますが、吉田は法務大臣に指揮権を発動させてこれを阻止しました。検察庁法によれば、法務大臣は検察が逮捕しようとするのを阻止できるのです。佐藤が逮捕されたら、次は池田だと噂されていましたから、吉田は自分が手塩にかけて育てた政治家たちが塀の中に落ちるのを阻止したのです。しかし、法律が許しても、世間の怒りは爆発しました。ほどなくして反吉田の気運が政界全体に広がります。

鳩山は岸信介を連れて自由党を脱党し、三木武吉と合流。さらに改進党と合併して、日本民主党を結成しました。衆議院百二十一名の大勢力です。総裁は鳩山、副総裁には重光が就きました。幹部は各派のバランスに配慮して、総務会長は三木武吉、幹事長は岸、政調会長は松村謙三です。

三木武吉は、吉田内閣不信任案の提出を社会党にも呼びかけます。多勢に無勢、遂に吉田は総辞職に追い込まれました。

晴れて鳩山内閣が成立します。重光は副総理外務大臣として入閣しました。

ここで疑問に思われた方はいますでしょうか。鳩山派は岸派と合わせても三十人強、重光は約八十人の政党の総裁です。『小説吉田学校』では「キャリアが先輩の鳩山さんが先に」などと譲るシーンがありますが、真相はそんな甘いものではありませんでした。

有馬哲夫さんがアメリカで公開されたＣＩＡの公文書を渉猟したところ、三木武吉の盟友の児玉誉士夫が、佐藤や池田のような与党政治家だけでなく、重光など野党政治家にも金を受け取らせていたのです。三木は、それをネタに重光を強請《ゆす》り、民主党総裁の椅子を鳩山に譲らせたというのです（有馬哲夫『児玉誉士夫　巨魁の昭和史』文春新書、２０１３年、p.150）。

結果のためには手段を選ばないとは、三木武吉の為にあるような言葉です。吉田が駄目で鳩山がもっとグダグダでも、その鳩山の内閣を作って見せたのですから。

「三日でいいから首相をやりたい」

鳩山内閣で、本書の主人公の三木武夫は運輸大臣として入閣します。鳩山内閣は少数政党ですから、すぐに解散して、総選挙後に第二次内閣を組閣します。第二次内閣でも三木は運輸大臣に留任しました。ライバルの大麻が国家公安委員長、ベテランの松村が文部大臣ですから、当選八回の中堅代議士としてはまずまずの出世です。おとなしく、大臣の仕事に専念しています。

しかし、日本民主党は総選挙で第一党の地位は得たものの、過半数を大きく割り込んでいました。三木武吉総務会長は、野党対策に国会中を走り回る有り様でした。こういう場合は野党を切り崩すのが普通の政治家ですが、三木武吉は違いました。野党第一党の自由党に、保守合同を呼びかけたのでした。

占領期の政治は、社会党がついた方が勝つ、という状況でした。第一次吉田内閣は総選挙で敗北し、社会党が芦田均や三木武夫らと連立内閣を組織しました。彼らから政権を奪い返した吉田も、最後は三木武吉が社会党まで巻き込んで総辞職に追い込み、鳩山内閣を作りました。しかし、吉田内閣不信任には賛成票を投じ、鳩山内閣樹立にも協力した社会党は、議長選挙では日本民主党が推す三木武吉を退け、自由党の益谷秀次についたのです。総理大臣と衆議院議長で投票行動を使い分ける——これでは、日本の政治は社会党に握られているのも同じです。普段左派と右派で喧嘩《けんか》しているくせに、そういう嫌がらせの時だけ一致団結して行動するのです。

三木武吉は保守二大政党が争っていては、ソ連の回し者の社会党に日本は思いのままにされる。そうした危機感で、保守合同を呼びかけました。

もちろん、先に述べましたように、三木武吉にとって保守合同は通過点に過ぎず、いずれは自主憲法制定、そして自主防衛の確立が目的でした。

三木武吉は、これまた非情の手段で保守合同に邁進《まいしん》します。昭和三十年四月十二日、大阪に向かう車中談で「保守合同が実現するなら鳩山内閣にこだわらない。民主党の解党も辞さない。単なる自由党の切り崩しや国会乗り切りではなく、自由党に真正面から申し入れるつもりだ」とぶちあげました（『政客列伝』p.41）。これは鳩山に断りなくだったとも言われますが、わかりません。ただ、鳩山は「三日でいいから首相をやりたい」などとぼやいていたと噂される人でした（重盛久治『三木武吉太閤記』春陽堂書店、1956年、p.222）。

いざ走り出すと運転席に

これには、自由・民主の双方に反対派がいました。自由党では、池田勇人や佐藤栄作ら吉田側近の官僚政治家です。日本民主党では、三木武夫でした。現職運輸相の三木は松村謙三文相を巻き込んで、保守合同に反対します。

池田らの言い分は、「三木みたいな保守政治家だか社会党だかわからない奴らと組めるか」です。もっとも、池田の言い分は、自分の親分の吉田を潰した鳩山の傘下に入れるか、が本音です。佐藤栄作とともに、「鳩山と倶に天を戴かず」とまで言い切っていました（石田博英『石橋政権・七十一日』行政問題研究所出版局、1985年、p.107）。佐藤栄作は保守合同二日前に、吉田に殉じて自民党入党を拒否しています。

一方、三木武夫からしたら、池田や佐藤は自分が散々批判してきた吉田官僚政治の正統後継者です。また、保守合同そのものを造船疑獄隠しと見ていました。妻の睦子には、「政党の樹立をシンコ細工同様に取り扱う風潮は政党政治自体を傷つけるものではなかろうか」(『信なくば立たず』pp.131-136) と、語っています。表でも、「汚職、乱闘によって失われた政党政治の信用と品位を取り戻す重大な責任を、我々議会人は負っているはずである。保守合同をうたいさえすれば、この責任が果たせると思うのは大きな錯覚だ」などと論じていました(毎日新聞1955年10月6日付)。

武吉からしたら、武夫は「この男は、何をきれいごとを言っておるのだ!?」でしょう。自由党には三木武吉を蛇蝎《だかつ》の如く嫌う大野伴睦総務会長がいて、武吉は大野に土下座せんばかりの説得を続けて、ようやく保守合同にこぎつけたのです。武吉と武夫の直接対決では、「じゃあ、どうすればいいのだ?」と問う武吉に、「政党の命は政策だ。政策協定を結ぶべきだ」と応じたという話が伝わっています。日ごろから、「政治は義理と人情。俺は政策の話はわからん」と公言している大野にとっては、「今さら、何を言っているのだ?」でしょう。

ちなみに、大野は三木睦子と仲が良く、「お父さんは愛嬌があっていい男だったけど……」と口を濁した時、睦子に「けど、何ですか」と迫られて思わず、「君の亭主は憎らしい」と返した話があります(『信なくば立たず』p.33)。

しかし、引き際を心得ているのも三木武夫がバルカン政治家たる所以《ゆえん》です。「保守合同というバスが走り出すのにギリギリまで反対しながら、いざ走り出すと運転席に座っていた」という陰口もありましたが、どこ吹く風です。

「五十五年体制」のはじまり

結局、保守合同は成り、自由民主党（自民党）が結成されます。同時期に左右社会党も統一を果たし、自民・社会の両党で衆議院の九割の議席を占める時代が到来します。両党の成立が一九五五年（昭和三十年）なので、「五十五年体制」と言われます。自民党が常に与党、社会党は野党第一党だけど政権を獲る意思も能力もないので、二大政党ではなく、「一か二分の一大政党制」などと揶揄《やゆ》されました。こうした状況の中、保守合同に反対して「保守党は二つある方がいい」などと、自民党に参加せず少数政党のままでいても展望が無いのは必定でしょう。

この時、ほほえましい話があります。自由、民主双方が党名を、「御先にどうぞ」と譲り合ったのです。つまり、自由党が「民主自由党」の党名を、民主党が「自由民主党」を主張し、御存じの通り「自民党」が成立します。総理大臣で日本民主党総裁の鳩山は、いったん内閣を総辞職して、閣僚を入れ替えます。事実上は内閣改造ですが、第三次鳩山内閣となります。

この時の三木武夫の立ち回り方は、抜群でした。自分は運輸大臣の職を引き、自派の清瀬一郎を文部大臣として送り込みます。ちなみに清瀬は東京裁判で東条英機の弁護人を務めたバリバリのタカ派政治家で、こういう人を自派に取り込むところが三木の真骨頂です。さらに、宿敵の大麻が大臣留任に固執したので、「自分が引くので、清瀬さんをよろしく」とやったのです。松村謙三が自分は留任しようと大麻と最後まで争い関係が悪化したのと比べると、大きな差です。

一般に三木武吉は、目的のためには手段を選ばず吉田内閣を倒し、保守合同を実現したことから、機会主義者と看做されます。しかし実際は、冷戦状況下での社会党の台頭を極力抑え込もうとしましたし、保守合同自体が自主防衛の手段でした。むしろ、外見の行動とは裏腹に原理原則論者なのです。終生、共産党とは対決姿勢でしたし、社会党を利用するのも最小限度でした。機会主義者を装った、原理原則論者と言えます。

逆に、三木武夫は理屈っぽいことを言いながら、土壇場の妥協と政界遊泳術は変幻自在です。三木武夫は、最大限原理主義者を装った機会主義者と言えます。後の章で見ますが、いざとなれば共産党をも利用します。

自民党ができてみれば、もちろん三木武吉は主流派です。最初は総裁を置かず、民主自由の両総裁の鳩山一郎と緒方竹虎、総務会長として保守合同に最も尽力した三木武吉と大野伴睦の四人が、総裁代行委員となりました。これは緒方が急死したことで、初代総裁は鳩山になります。

一方、保守合同に最後まで反対した三木武夫は非主流派です。閣外にも去りました。ここで結びついたのが、池田勇人です。

この時の池田の言い分が振るっています（『石橋政権・七十一日』p.125）。

「自由党の本流はおれだ。改進党系の本流は三木武夫だ。だから本当の保守合同はこの二人が手を握ることにあるんじゃないか」。

昨日の敵は、今日の友。

しかし、この結びつきが、次の政権への布石になります。池田は、行き当たりばったりではなく、深い読みで動いているのです。

二位三位連合による石橋政権樹立

昭和三十一年（一九五六年）末、鳩山は日ソ国交回復と国際連合加盟を花道に退陣します。有力後継候補は、三人いました。総裁選挙で決着をつけることになります。

戦前の二大政党、政友会と民政党は、一度も選挙で総裁を決したことはありませんから、日本憲政史上はじめて、与党第一党の椅子を、ひいては総理大臣の座を与党国会議員の選挙で決めることとなります。

一人は、岸信介。後ろ盾の三木武吉は鳩山退陣前に病没していますが、鳩山派を継いだ河野一郎が支持しています。最初は自民党入党を拒んでいた実弟の佐藤栄作も既に旧自由党系の派閥を率い、兄を支援します。岸自身も鳩山内閣を通じて幹事長として党務を握り派閥を拡大していましたから、大本命と目されていました。

二人目は、石井光次郎。緒方竹虎の派閥を継いでいました。自由党系の大野伴睦と池田勇人が推すと見られていましたが、石井自身には緒方のようなリーダーシップは無く、大野も池田も負け戦覚悟で応援していました。

三人目は、石橋湛山です。石橋自身の手勢は二けたにも乗らない弱小派閥でしたが、参謀の石田博英は勝算があると見ていました。石田は、まず松村と三木に接近し、支持を取り付けます。さらに、池田勇人にも接近し、石橋支持に回らせます。池田は大蔵省出身ですが、次官として石橋大臣に仕えた関係です。戦前以来の著名なエコノミストであり、占領軍の圧力に一歩も引かなかった石橋に対しては深い尊敬の念を抱いていました。行きがかり上、吉田派に属し石橋とは違う派閥でしたが、時がめぐり総裁選で組む関係になります。ここで、保守合同直後の、池田＝三木の接近が生きてきます。ここに石田が加わり、この三人が石橋を一気に総裁に押し上げることとなります。

石田の証言によると、「昭和三十一年三月、旧改進党グループを率いる三木武夫氏が『石橋擁立でいこう』と申し出てくれた」（『石橋政権・七十一日』p.122）、「やはり、昭和三十一年の春のことである。たしか工業倶楽部でのパーティーで、池田勇人氏が私に近づき、強く手を握って囁いた。『チャンス到来だな。自重してやれよ』…（中略）…池田派は最後まで石井支持で動く、と誰もが思っていた。しかし、池田氏の真情は違った」（同pp.124-125）、とのことです。

石田は、五人に通産大臣、七人に農水大臣をはじめ、六十人くらいに大臣ポストを乱発し、全部実現しようと思ったら石橋内閣が三十年くらい続かないと無理だなど と、陰口を叩かれました。石田本人は、「そういうことがまことしやかに伝えられたが、そんな事実は一切ない」と否定していますが（同p.127）。

自民党総裁選に公職選挙法は適用されませんから、「飲ませ食わせ抱かせ」の買収を各派が繰り返し、籠絡した政治家をホテルに監禁するなどの金権選挙を繰り広げ、当時のお金で岸派は一億五千万、石橋派は一億、石井派は八千万円使った、などと囁かれました。

その真偽はともかく、相手の裏を出し抜こうと化かし合いが行われたのは、事実です。石田は石井陣営に「二位三位連合」を持ちかけます。一回目の投票で三位になった方が、決選投票で二位になった方に投票しようとの持ちかけです。これが見事に功を奏し、石橋は決選で岸を逆転し、栄えある第一回自民党総裁選挙に勝利しました。その差、わずか七票差でした。この間の石田のやりたい放題、もとい八面六臂《ろっぴ》は本人が書いているのですが省略しましょう。

この選挙は、自民党議員の派閥化を進め、岸、池田、佐藤、河野、三木・松村、大野、石井、石橋の八大派閥は八個師団と言われるようになります。

内閣ができると、三木が幹事長、池田が大蔵大臣、石田が官房長官になります。石橋内閣は、この三人の内閣と言っても過言ではありませんでした。

しかし、二位の岸との票差はわずかに七票、党内の多数が敵と考えてよい状況です。現に組閣は大揉めに揉め、宮中の認証式の時間に間に合わず、総理大臣がいったん全閣僚を兼任して大臣の辞令を天皇陛下から拝受し、改めて組閣を行うという大混乱でした。特に処遇で揉めたのが、岸と石井の扱いでした。石井は「二位三位連合」

の約束で副総理を要求しますが、岸は党のほぼ半分の支持を受けていることと、自分より順位が下だった石井が副総理となるのは納得できないとゴネました。結果、石橋は岸の要求を入れるのですが、これに不満な石井と大野は、組閣初日で反主流派化するという多難な幕開けでした。

そこで幹事長の三木は、石橋に全国遊説をさせています（『石橋政権・七十一日』p.168）。最近だと〝小泉旋風〟を覚えているでしょうか。劣勢と思われた小泉純一郎は全国を遊説して回ることでブームを起こし、その勢いに乗って国会議員票でも逆転を起こしました。言わば、その元祖が石橋です。これの要諦は、昼は国民に直接声をかけ、夜は地元の有力者を支援者にしていく。こういうことを地道に全国あちこちでやって勢いをつけつつ、支持者の掘り起こしを行うのです。

三木は自民党内の劣勢を総選挙で引っくり返そうとしました。

しかし悪いことは重なるもので、石橋が肺炎にかかり、国会開会中だというのに職務が執れなくなります。肺炎くらい少し治療すれば治るものなのですが（実際、治った）、石橋は総辞職の道を選びました。

というのは、ジャーナリスト時代の石橋は、同じような状況の濱口雄幸に対して、退陣を迫ったことがあるのです。石橋は、「言論人としての自分を信じてくれた、あの時の読者を裏切れない」と総辞職を選んだのです。潔すぎる身の処し方です。私（倉山）も言論人の端くれですが、自分の言葉を平気で無かったことにする言論人が多い中、自分の信念に殉じて最高権力者の座を捨てることができた石橋には考えさせられます。

政治家は多くのしがらみを背負っているのですから、これが正しかったのかどうかはわかりません。退陣後、ほどなく石橋派は雲散霧消。残された政治家たちは、石田に率いられて三木派に身を寄せることとなります。その三木、あるいは池田も後継政権では一転して反主流派に追いやられます。

石橋の後継総理は、何の異論もなく副総理の岸信介に決まりました。直前の総裁選挙で、僅差の二位だったのですから、当然です。岸は、閣僚と党幹部の全員を石橋内閣から引き継ぎ、留任させせました。

石橋内閣は二ヵ月強の短命に終わったこともありますが、内閣ができた時と終わった時で、三木が主流派・反主流派を入れ替わらなかった最後の内閣になります。

三木は、以後の岸・池田・佐藤・田中の四代の内閣で、主流派と反主流派を行き来する、バルカン政治家として壮絶な生き方を繰り広げることとなります。

第５章　政策は政局の武器

八百長政治

自民党はそもそも時限政党でした。三木武吉曰く、「鳩山の次は緒方、緒方の次は岸、岸の次は池田、そこまでは読める」「これで保守の政権は10年は持つだろう」と(『政客列伝』p.45)。慧眼《けいがん》です。急死した緒方の代わりに石橋が入りましたが、この順の通りになりました。さらに人材としては、河野一郎と佐藤栄作がいました。実際には池田の後、佐藤が約八年の長期政権を築きます。

それどころか、自民党は今も政権与党です。一時的に野党に落ちたことが二度ありましたが、すぐに復権しました。自民党など、よほど盲信的な人でない限り、とっくに賞味期限が切れていると思うでしょう。しかし、一方でいくら安倍晋三首相に不満がある人でも、海江田万里や岡田克也あるいは蓮舫との二択ならば、迷うことなく自民党を選ぶでしょう。事実、そうしてきました。

どんなに自民党に不満があっても、他に現実的な選択肢が無い。これが「五十五年体制」の本質です。

保守合同によって成立した五十五年体制とは何か。第一党の自民党はとにかく政権にいたい、そのためには衆議院で五十一%の議席が欲しいという政党です。野党第一党の社会党は占領期の片山内閣で、政権を担当するのが怖いという政権担当恐怖症になります。しかしそれでは選挙に当選できませんから、何か支持を得られる方策が欲しい。そこで、憲法改正阻止が旗印になります。これなら簡単です。衆議院か参議院で三十四％の議席があればよいのですから。

自民党と社会党の思惑は完全に一致するので、与党と野党第一党が談合できてしまいます。

野党が与党に陳情しに行って、条件闘争をやって政治を動かす。法案に野党の意向を盛り込むことで、スムーズに国会を動かすのです。そこで、お金が動きます。田中角栄は、その野党を買収するお金の事を「民主主義の必要経費」と言ったそうですから、五十五年体制というのは談合体制そのものでした。要するに八百長体制です。

民主主義は、最低二つまともな政党がなければ成立しません。ところが野党第一党の日本社会党はまったく救いようがない政党でした。現在、野党第一党の民進党がまたもや当時の社会党化しています。岡田克也など「政権を獲れなくても、憲法改正を阻止できればよい」という態度がありありです。それさえ言っていれば、自分は国会議員に当選し続けられるのですから、楽なものです。

野党時代の谷垣禎一自民党総裁も、似たようなものでしたが。当時の与党の民主党は三年強、失政の限りを尽くしました。しかし、谷垣自民党は何もできず、「谷垣さんある限り、民主党政権は安泰」などと言われたものです。

一つだけまともな政党があれば良い、というのはファシズムです。民主制というものは、三つ目がいるかどうかはともかく、まともな政党が最低二つはなければ不可能です。だから「日本において民主制が進展しない」と言われた場合、野党第一党の責任が重いのです。

野党第一党の無能と腐敗に支えられて、与党の地位が安泰。こんな体たらくから始まってしまったというのが、まさに五十五年体制の本質です。

岸信介と日米安保条約

これが許されたのは、米ソ冷戦という国際政治の状況があったからです。自民党はCIAの、社会党はKGBの資金援助を受けていました。日本の二大政党は、米ソ両超大国のスパイ機関の手先だったのです。

まさか、米ソがにらみ合う最前線の日本をアメリカは渡したくないから、自民党は常に政権与党でいられる。しかし、社会党がごねてくれた方が、自民党もアメリカと交渉がしやすい。「ウチの国がソ連の味方になって良いのですか。私の政権が続く方がいでしょう。だから、あまり無理を言わないでください」という寸法です。

これを狡知《こうち》と呼ぶか、姑息《こそく》と呼ぶか。姑息な狡知でしょう。

岸信介首相は、アメリカに対し対等な関係に近づけようとしました。

吉田茂がサンフランシスコ講和条約とともに結んできた日米安保条約は、一方的な関係でした。一言で言えば、「アメリカが日本を守る条約」です。国が国を一方的に「守る」とは、「支配する」のと同じです。だから、日本で内乱が起きた時、米軍が鎮圧するという条項までありました。しかも、この条約には期限がありません。

当時のマスコミは、東条内閣で閣僚だった岸のことを「A級戦犯」呼ばわりしていました。そもそも、日本の指導者を断罪した東京裁判で岸は不起訴ですから、「A級戦犯」ではありません。また、閣僚の辞表提出を拒否して、東条内閣を倒閣に追い込んだ張本人が岸その人です。不当な批判でしたが、そんな理屈はマスコミに通じません。これに国会で社会党が呼応して、議事堂前を多数のデモ隊が占拠していました。

何だか二〇一五年の安保法制騒動とそっくりですが、それもそのはず、安保法制騒動は、この時の安保騒動の再現ＶＴＲを狙っていたのですから。

岸の置かれた状況が違ったのは、自民党内の反主流派が強すぎたことです。むしろ、安倍晋三時代の自民党反主流派が弱すぎるというべきでしょうか。

岸政権を支える不動の主流派は、岸派に加え、実弟の佐藤栄作が率いる佐藤派。これに党人の河野一郎と大野伴睦を加え、四派が権勢をふるっていました。対する反主流派は、石橋内閣で主流派だった、石橋湛山・池田勇人・三木武夫に加え、石井光次郎の四派です。八個師団が見事に二分していますが、石橋派は三木派（当時は、松村・三木派と呼ばれた）に吸収される寸前でしたから、反主流三派と目されました。

反主流三派とて、安保改正に反対ではありません。当時の社会党やマスコミのように、「日米安保を破棄して、ソ連と手を結ぼう」などとは、露ほども考えていないのです。池田や石井はもちろん、後に中国への追従的な外交姿勢で売国奴の代名詞になる松村謙三ですら、他の自民党議員から、「さすがに、そこまでは考えていないだろう」と思われていました。

では、三木の態度はどうだったか。

安保賛成です。むしろ、そうした態度が、当時のマスコミに出ていた進歩的文化人から、「三木さんは保守政治家だから」と指弾されていたのです。進歩的文化人の代表である丸山真男東大法学部教授と三木は個人的に仲が良かったのですが（『信なくば立たず』pp.156-157）。

岸に辞表を叩きつける

では、三木は岸の何が気に入らなかったのか。やり方です。もっとはっきり言えば、総裁選で争った石橋陣営が、政変で反主流派に追いやられた。岸内閣ができてみると、岸の取り巻きが権力を握っている。これが気に入らない。だから、岸内閣の最重要課題である安保条約に対し、いちゃもんをつけるのです。やれ、「この条約の適用範囲の極東とは、どこからどこまでなのか」だの、「アメリカは何か行動を起こす時に、日本と事前協議をするのか。絶対か」という風に。これが、この時代の政争です。政策は政局の武器なのです。

岸内閣ができた当初、石橋内閣の閣僚と党幹部は全員留任でしたから、三木は幹事長でした。総裁選で争った石井を副総理に迎えただけです。五ヵ月後の内閣改造で岸は自前の人事を行いますが、ここで三木は自民党政調会長に横滑りします。格落ちですが、自民党三役ではありますから、まあいいでしょう。とはいうものの、岸は衆議院解散を予定していましたから、選挙を他派閥でライバルの三木にやらせたくなかったという本音はありありですが。選挙後の第二次内閣で、三木は経済企画庁長官兼科学技術庁長官という閑職に回されました。

主流派は、副総裁が大野伴睦、幹事長が川島正次郎（岸派の番頭）、総務会長が河野一郎、政調会長に福田赳夫（岸派のホープ）と、党四役を独占した上に、大蔵大臣が佐藤栄作（言わずと知れた岸の実弟）、外務大臣が藤山愛一郎（岸の大スポンサー）、通産大臣が河野派の高碕《たかさき》達之助と、〝おいしい〟ポストを独占しています。反主流派からは、三木の他に池田が無任所国務大臣、石井は本人が閣外に去る代わりに、自派から文部大臣と防衛庁長官の軽いポストだけをあてがわれました。これで反主流派に不満を持つなという方が無理でしょう。

岸内閣は当時の世評でも、あるいは歴史的イメージでも〝強い政権〟との思い込みがあります。しかし、こんな極端な人事をしている事こそが、その弱体政権の証拠です。

理由は簡単で、岸は総裁選で敗れながら、前任者の不運で政権が転がり込んできたのです。また、総裁選挙で僅差の二位になりましたが、大野や河野といった党人派の実力者に支えられてのことです。佐藤も含め、自分を応援してくれた人たちの機嫌を取らねばなりませんし、彼らに自民党幹部や大臣のポストを要求されたら、調整に苦慮するのです。

しかし、そんなものは大臣ポスト一つで内閣に封じ込められている池田や三木に通じる理屈ではありません。岸は、安保反対で治安が悪化する状況に対応するため、警職法（警察官職務執行法）を改正し、警官の職務権限を強化しようとしました。警職法改正案を審議未了廃案に追い込んだ後、池田と三木は石井派の灘《なだ》尾《お》弘吉《ひろきち》文相とともに、辞表を叩きつけました。三閣僚辞任です。昭和三十三年（一九五八年）末のことです。岸は、気分の悪い年越しだったでしょう。

こうした情勢に、河野一郎などは「俺が支える」と怪気炎です。岸が反主流派の攻勢をかわすには、自分の力が必要だとの意味です。

強行採決を欠席

年が明けて正月早々、岸は政権維持のために、右翼の大物である児玉誉士夫を証人とし、大野伴睦に次期総理の座を譲る代わりに政権運営への協力をとりつけました。これには、佐藤と河野も立ち会っています。本当に強い政権なら、こんな約束はしなくていいのですから、岸の苦労がしのばれます。岸は「国会に三割、党に七割の力を割いた」と述懐していますが、国会の周りをデモ隊に囲まれても総理の地位はびくともしませんが、自民党総裁でいられなければ政権を失います。

岸は主流派の結束を確認したうえで、総裁選を繰り上げます。反主流派の準備ができていないところで、奇襲を仕掛けたのです。岸は総裁再任に成功しました。

しかし、池田と三木は松村謙三を擁立し、三日の選挙運動で一六六票を集め、岸への批判票が根強いことを示します。

この年、昭和三十四年（一九五九年）六月の内閣改造で、異変が起きます。この時、池田と河野のいがみ合いはすさまじく、文字通りの不倶戴天の仇でした。岸内閣の改造人事で河野は幹事長ポストを要求したのに対し、岸は「ぜひとも入閣して欲しい。でないと不本意だが池田を入閣させざるを得なくなる」と返します。池田が直前まで「岸とは倶に天を戴かず」と公言していたため、河野は池田入閣が無いと見て幹事長ポストに固執しましたが、池田は入閣を受諾します。この時、佐藤栄作が田中角栄を使者に立て、入閣するよう説得しました（『政客列伝』pp.114-116）。

こうして、池田が通産大臣として入閣します。池田は、「かつて通産大臣の時に、貧乏人は麦を食えと言って首になった。その恥を雪《そそ》がねば、死んでも死にきれない」などと泣き落としをしたとのこと。剛愎《ごうふく》な河野よりも、頭を下げた池田の方を採るのは、人情でしょう。

こうして主流・反主流の入れ替えが行われ、主流派は岸・佐藤に加え、池田と石井。石井は総務会長に入ります。反主流派は松村・三木派と石橋派に、大野と河野が落ちてきます。主流派の領袖は全員が官僚、反主流派は党人です。とはいうものの、政策の争いではなく、単なる人間関係なのは、ここまでの経緯でおわかりと思いますが。反主流派だって、脱党して野党と組んででも岸を倒そうとは思っていません。安保反対でもありません。

ただし、採決をめぐって激しく角逐しました。政府が結んできた条約は国会が批准しないと無効です。ただし憲法上、衆議院の優越権がありますから、採決後に参議院が三十日以内に可決しない場合は、条約は有効です。つまり、衆議院を通してしまえば良いのです。岸は自らの政治生命をかけた条約を、強行採決で押し通しました。しかも、反主流の河野・三木両派には知らせずに。これに河野と三木は「聞いていない」と怒り、採決を欠席しました。

寸止めの嗅覚

三木の言い分を綺麗な言い方でまとめれば、「こんな大事な条約なのだから、議会政治の筋を通して、日本国民の多くがアメリカを最大の同盟国だと思っているとの意思を伝えるべきだった」ですし、ストレートに言えば「俺に根回しをしないで強行採決をするとは、舐めているのか?」です。ついでに言うと原文は、非常に遠まわしで、ねちっこいです。

昭和三十五年五月二十日、強行採決された直後に三木は記者会見し、「国会の承認を得るやり方が重要だと考えて、極東の範囲や事前協議にあえてこだわり、審議の最善をつくすことを望んできた。安保新条約に最初から反対の人には、どんなに時間をかけても説得できないが、その他に安保改正には賛成しながらも、その内容に不安をもっている人々も多いのだから、これらの人々を納得させるのが政治の在り方だと思う。その意味でも今回の岸内閣の措置は議会制民主主義の冒瀆であり許容できない。私が採決に加わらなかったのはそれが故である」と述べました（『議会政治とともに下』p.176）。

自民党を割って出るどころか、安保そのものにも採決欠席で賛成はしないけれども、反対もしない。しかも綺麗事で岸の非を言い立てる。

岸としては「そんなことはわかっている！」と言いたくなるわけですが、敢えて徹底的に生徒会長のようなことを言って責め立てる。実は三木のこの綺麗事はすべて条件闘争なのです。

結果、世論の反感に耐えきれなくなった岸は退陣に追い込まれます。岸派は、福田赳夫・川島正次郎・藤山愛一郎の三派に分かれました。

三木はバルカン政治家と言われましたが、本物のバルカン半島の政治家と違い、最後までは追い詰めないのです。岸は倒すが、自民党も安保条約も壊しません。三木は、この寸止めの「あと一歩の所で止める」という嗅覚が恐ろしく優れていました。最後の決定的な衝突まではいきませんし、二歩手前で日和《ひよ》ることもしない。落とし所を最初に決めてから戦い始めています。戦いを始める時には、実は終わり方を考えてやっています。

池田勇人には戦いながら考えていくところがあったのと比べ、三木は「この辺が落とし所だろう」という辺りで上策中策下策みたいなものを決めておき、下策の線からはみ出そうになると止まるのが絶妙に上手い人でした。

池田と水面下でつながる

日米安保条約に賛成した岸、佐藤栄作、池田勇人の三派は保守本流と呼ばれます。反対して採決に欠席した河野一郎、三木武夫らはのちに保守傍流と扱われます。具体的には、この二つの派閥からは、大蔵大臣が出ません。

ポスト岸の自民党総裁選で、池田勇人、大野伴睦、石井光次郎、藤山愛一郎の四人が出馬しました。池田を推すのは、佐藤栄作と岸の意向を受けた福田赳夫、官僚連合です。大野を推すのは、川島正次郎と河野一郎。それに党人の石井と藤山も立候補しました。松村謙三も出馬の構えを見せましたが、静観しました。

大本命の池田に対し、河野一郎はその他の派閥から成る党人連合をまとめあげようと大野を候補者から降ろし、石井に一本化するという荒業《あらわざ》に出ます。ところが、まとまるどころか、川島の裏切りなどもあり、池田の圧勝となりました。敗北感に苛《さいな》まれた河野は、一時は脱党を考えるほどにまで追い詰められます。岸などは池田に対し、「河野、三木を切れ」などと迫るほどでした。自分が政治生命をかけた安保条約批准に欠席した二人を許せなかったのです。

ところが、三木は早くから池田との修復を水面下で目指していました。現に、総裁選では、党人でありながら河野たちの動きにほとんど同調していません。池田に対する好意的中立を守った格好です。総理就任後の池田も、三木を懇意の財界人との会合に呼んだりもしました。自民党結成、石橋内閣樹立、三閣僚辞任以来の連携が、池田の突如とした岸内閣入閣で崩れていましたが、地下水脈ではつながっていたということです。

池田にも思惑がありました。岸は「自分が総理にしてやったのだから、少しは無理を聞け」などと無茶を言ってきます。河野と三木は、第三、第四派閥の長です。その二人を除名などしたら子分たちが黙っていませんし、そもそもそんなことができるのか。また、岸の弟の佐藤も、同じように池田に対し舐めた態度でした（伊藤昌哉『池田勇人　その生と死』至誠堂、1966年、p.113）。岸の子分の福田赳夫に至っては政調会長に登用したのに、池田を批判して反主流派に転じるという有り様です。池田は、佐藤と福田を遠ざけ、大野・川島それに河野・三木といった党人で主流派を固めるようになっていきます。

主流派、そして幹事長に

三木は池田内閣では、第一次内閣こそ閣僚ゼロの反主流派ですが、徐々に主流派の地位を回復します。そしていつのまにか、政権No.2の自民党幹事長に上り詰めていました。このころの幹事長は、総裁派閥から出るのが通例でした。幹事長とは、英語ではChief Secretary、台湾では「秘書長」ですから、総理大臣の仕事で忙しい総裁の代わりに党を預かる人のことです。現に岸は総選挙の前に三木に代え、腹心の川島正次郎を据えました。

もちろん池田とて、外相経験者の大平正芳を副幹事長に据えたのは御目付のつもりでしょう。それでも当時の自民党政治の常識から考えれば、池田の三木への信頼は薄くはなかったと言えます。

いったん反主流派の位置にいた三木が主流派に返り咲いたのは、単なる池田との人間関係ではありません。三木は政策を武器にしました。その政策とは、党近代化です。池田は自民党内に組織調査会を作らせ、三木を会長にします。三木は「三木答申」を提出しました（『議会政治とともに　下』pp.195-201）。党中心の政治資金集めの他、総裁選挙改革など後に実現する案もあります。答申の主眼は派閥解消でした。三木の理想は、イギリス型の近代政党でした。三木は、社会党に政権を任せる訳にはいかない以上、自民党を改革するしかない、との情熱で改革案を練り上げました。

こうした態度に、池田が応えて党の責任者である幹事長の椅子を用意したのです。周りから見たら、「綺麗事を言いながら、おいしいポストを持っていった奴」にしか見えなかったでしょうが。

池田退陣を仕切る

それはともかく、東京オリンピックを秋に控えた昭和三十九年（一九六四年）の総裁選は、派閥解消など何のことかと思わずにいられない、金権選挙と化しました。池田首相秘書官の伊藤昌哉が「常規を逸していった」と述べるほどですから、異常な選挙でした（『池田勇人　その生と死』p.236）。

対抗馬は、佐藤栄作。吉田茂の薫陶を受けた池田と佐藤が、総裁の椅子をめぐり激しく戦いました。もう一人、藤山愛一郎も出馬していました。

二派から金を受け取るのが「ニッカ」、三派から受け取るのが「サントリー」、全部から受け取って誰に入れたかわからないのが「オールドパー」で、文字通りの「忍者」とか「一本釣り」とか、まとめて籠絡される「トロール漁法」とか、そういう隠語ができた、すさまじい総裁選でした。

忍者の策源地にして、一本釣りだのトロール漁法の餌食になったのが、三木派でした。三木は池田支持ですが、従わない議員も多く、佐藤派に買収されていきました。早川崇ら十人近くが裏切ったのは、三木にも衝撃でした。たった二週間の間に胃壁を破るほどの急性潰瘍ができていたほどです（『信なくば立たず』pp.166-170）。政治改革を言いながらこんな選挙になってしまい、踏んだり蹴ったりです。

結果は、池田が二百四十二票、佐藤が百六十票、藤山が七十二票でした。百票差をつけて自らの力を誇示しようとした池田は、僅差に衝撃を受けます。佐藤は敗れたりとは言え、現職総理相手に十票差でしたから、評価を上げました。何の数字かと言うと、佐藤と藤山の票を足すと、池田と十票差なのです。

松村謙三は、「一輪咲いても、花は花」と慰めましたが、池田の衰えは明白でした。

そして、すぐに「前癌症状」と発表されます。こんな訳のわからない病名など無く、要するに癌だったのです。池田後継を決めねばなりませんでした。総裁選に出馬した佐藤と藤山の他、河野一郎も名乗りを上げます。

ここで三木は、「イギリス保守党の例にならい、総裁が次期総裁を指名するということにしよう」と言い出します。なぜイギリスが出てくるのかよくわかりませんが、皆が従います。数ヵ月前に選挙をやったばかりだし、また選挙で金が飛ぶよりは話し合いの方が疲れない、という議員心理があったので受け入れられたのです。大義名分は、小難しい方がいい場合もあるのです。さらに、「東京オリンピックを花道に退陣しよう」と念を押します。

こうして、調整は川島正次郎副総裁と三木武夫幹事長に委ねられます。

党内は佐藤と河野の正面衝突の様相で、どちらも多数派工作をします。支持者が多い方が指名を受けやすいからです。ただ、佐藤優位ではありますが、河野も刺し違える覚悟で張り合い、がっぷり四つです。

川島と三木は、池田に判断を仰ぎます。党内の意見を丁寧に聞いて回り、佐藤優勢は動かずとの情勢が固まったところで、池田は佐藤を後継に選びました。

第6章　男は一回、勝負する

人事の佐藤

三木武夫には一つ尊敬ができる点があります。夫婦喧嘩になったときの切り返し方です。私も含めて、世の男性には女の人にがなり立てられると何も言い返せなくなる人が多いものでしょう。ところが、三木睦子の回顧録を読むと、旦那の切り返し方には感服します。

烈女で知られた睦子夫人曰く、「いつだったでしょうか、私が怒って、吉祥寺の家は、三木が外国に行って三、四ヵ月留守している間に私が買った家ですから、『この家は私の家だから出ていけ！』といったら、『そんなこといわないで下宿人でもいいから置いてよ』などといいました。私がそれこそ、『もう実家へ帰る！』というと、『そうか、ぼくもちょっと義兄《あにき》に用事があるからあとで行くからね。よろしくいっておいて』と、全然けんかにも何もならない。敵はさる者でした」とのことです（『信なくば立たず』p.19）。義兄というのは、大スポンサーでもある森曉のことです。

食らいついたら絶対に放さない三木と、情けない姿に思わず許してしまう夫人の姿が想像できます。

さて、本題。

三木は、石橋内閣の幹事長として、病気退陣後の引き継ぎを担当し、岸内閣で留任しました。続く池田内閣でも、病気退陣後の引き継ぎを担当し、佐藤内閣で留任しました。佐藤は岸の実弟ですから、不思議な因縁です。いずれも滞りなく済ませました。

はっきり言って、この時の政権引き継ぎを褒めてくれた人など誰もいません。しかし、平成になると病気退陣を取り仕切れなくて評判をガタ落ちさせた総理もいたのですから、「当たり前のことを当たり前にできるというのは、当たり前ではない」と痛感します。それを政治の劣化と言ってしまえば、それまでですが。

佐藤も、兄と同じく、全閣僚を留任させます。副総理格の無任所大臣の河野一郎も留任です。ただし、政権の番頭役にして総理の女房役である官房長官の鈴木善幸だけは、池田に殉じて交代しています。七ヵ月後、これまた兄と同じく、内閣改造で自前の人事を行いました。

佐藤はここから七年八ヵ月に及ぶ、憲政上最長不倒の政権を築きます。通算なら桂太郎の七年十一ヵ月の方が長いのですが、佐藤は一度も政権を明け渡していませんから、「不倒」です。

佐藤が長期政権を築けた最大の理由は、政敵の相次ぐ病死です。病気退陣の池田前首相はほどなく世を去り、「俺の目の黒いうちはアイツには絶対に天下を取らせない」と公言していた大野伴睦も既に亡く、河野一郎も志半ばで病に倒れました。

佐藤派は自民党最大派閥であり、かつ福田赳夫の派閥が第二位にまで成長します。これだけで自民党内を圧倒していました。

池田派を継いだ前尾繁三郎は蔵書二万冊の読書家で知られたインテリ議員でしたが、政党政治は大の苦手、池田政権で幹事長を三期も務めながら子分が一人もできないという体たらくです。

第四派閥が三木派です。

河野派は領袖の死後分裂し、その過半数を引き継いだ中曽根康弘は少数派として苦労します。藤山愛一郎だけは反主流派としての旗幟《きし》を鮮明にしていましたが、佐藤の敵ではなく、徐々に派閥は衰亡していきます。

ここまでが総理総裁候補を抱えた派閥で、その他は「中間派」と言われました。基本的に大野派の残党や既に政権への意欲を捨てた石井光次郎派など、少数派が残っていたのですが、唯一光芒《こうぼう》を放っていたのが川島正次郎派です。川島はポスト岸を争う総裁選で大野を裏切って池田についたのを皮切りに、二十数名の少数派を率いながら、巧みに自民党派閥政治を遊泳していました。池田内閣に引き続き、佐藤内閣でも自民党副総裁の地位を占め続け、死ぬまで放しません。

佐藤は、「早耳佐藤」「人事の佐藤」と言われたように、情報と人事で巧みでした。確かに各派のバランスに配慮しながらも、要諦を押さえています。

自前の最初の人事となった第一次佐藤改造内閣から、明確です。自民党四役は、副総裁に川島正次郎、政調会長に同じく川島派から赤城宗徳、幹事長は自派のNo.２で資金集めを一手に担っている田中角栄、総務会長は前尾繁三郎です。ちなみにこのトリオはよほど相性が良かったのか、第二次池田改造内閣では「前尾幹事長、田中政調会長、赤城総務会長」の組み合わせでした。佐藤の安定志向がうかがえます。

主要閣僚は、大蔵大臣が福田赳夫、外務大臣が川島派の椎名悦三郎、通産大臣が三木武夫です。自分に政権を回した十一歳年上の長老の川島への論功行賞の一方、若くて政敵になる可能性のある六歳年下の三木はあからさまではないものの抑え込もうとする意志がアリアリです。

政権の両輪は、福田赳夫と田中角栄に置き、佐藤は退陣の日まで二人を競わせます。長期政権では軸となる閣僚がいるもので、中曽根内閣では「後藤田正晴官房長官、竹下登蔵相、安倍晋太郎外相」、今の安倍内閣では「菅義偉《すがよしひで》官房長官、麻生太郎財務相、岸田文雄外相」がそれにあたると言えます。小泉内閣はトリッキーですが、竹中平蔵を必ず経済閣僚で起用し、後継者として育てたい安倍晋三に幹事長（一時、代理）と正副官房長官を経験させています。

このころ、大平正芳は前尾派の番頭、中曽根康弘は河野派の分裂で少数派の苦労を味わう話は既にしました。

佐藤から見ると、永田町にめぼしい敵はいません。

三木の派閥からは大蔵大臣を出すな

この光景は、本書の主人公の三木の目から見ると、焦りを感じ始める状況です。佐藤は盤石、自分は若手に追い上げられつつある。むしろ、福田と田中の重用は、自分の地位を低下させかねません。実際に、そうなりますし。

しかも、池田後任に佐藤を推したことで、自派が分裂しました。松村・三木派はいつの間にか、三木・松村派と呼ばれ方が変わるようになりました。やり手の三木こそが真の領袖だと世間が看做すようになったのです。しかし、それが松村に面白いはずがありません。ただし、池田vs.佐藤の総裁選で草刈り場になったように、三木の統率力もそれほど強くはありません。戦前民政党以来の長老である松村の力も、まだ必要としていたのです。池田を推すことに関しては、松村は三木と意見が一致します。ところが、妻の実家をたどれば佐藤と親戚となる三木に対し、松村の佐藤嫌いは相当でした。

三木・松村派としてはポスト池田で藤山愛一郎を推すことを決めていたにもかかわらず、三木は佐藤後継でまとめてしまいました。これを松村は重大な裏切りと看做し、古井喜実《よしみ》、竹山祐太郎、笹山茂太郎《しげたろう》、川崎秀二、佐伯宗義《むねよし》の五人を連れて、脱派します。

松村と古井は、極端な親中派政治家として知られています。二人は、「日中記者協定」を勝手に結んできた人たちです。中国に都合の悪い記事は報道しないという協定です。この二人に何の権限があったか知りませんが、とにかく中国共産党に言われるままに、そういう訳のわからない文書を取り交わしてきたのです。

松村、古井、あるいは日中記者協定に一枚かんでいる竹山ら筋金入りの親中派からしたら、自民党内左派と目されている三木でも、微温的に見えるのです。日米安保条約を党是とする自民党で「米中ソ等距離外交」などと主張する三木の本質は、どこまで行っても〝バルカン政治家〟です。当時の自民党政治家からしたら左派の三木も、最左派の松村からしたら中国を利用しようとしているポピュリスト、機会主義者にしか見えない訳です。

中国問題は後に、日本の政治を規定する重要な争点になってきます。その起源がこのときの三木・松村派の分裂だったわけです。

当時の三木派は約四十人です。六人の離脱は大きいのですが、そこまでして佐藤に尽くして得たポストは通産大臣でした。

将来の総理大臣を目指す政治家が最もやりたいポストは、選挙の差配をする幹事長です。それに政調会長か総務会長のどちらかをやるのが総裁候補の条件と言われていました。この時点で三木は幹事長と政調会長を経験しています。ただし、三度の幹事長在任中に、総選挙で采配を振る機会には恵まれませんでしたが、これは自分の子分を当選させる機会が無かったということを意味します。三木派が少数派なのは、こういうところにも原因があります。

政治家は大臣になりたがりますが、その中でも幹事長と同格の大蔵大臣と、外務・通産は主要閣僚と目されていました。この中の一つか二つを経験していることが条件のような暗黙の了解がありました。三木としては大蔵大臣、せめて外務大臣になりたいというのが本音というところでしょうが、その代わり、この時の組閣で自派から運輸大臣に中村寅太を送り込めているので、収支は上々というところです。

ただ、暗黙の了解として、「河野一郎と三木武夫に連なる派閥からは大蔵大臣を出すな」がありました。河野派の流れだと、中曽根派からは一度も蔵相が出ず、平成の「大蔵省バッシング」が激しい時代に渡辺美智雄派から松永光が就任できたのが最初です。ちなみに渡辺は蔵相経験者ですが、中曽根派を離脱している時に、大平首相の推薦です（遺言のようなものだった）。三木派の流れからは、今の山東派に至るまで一度も蔵相はいません。

通産相から外相へ

戦前憲法学の泰斗《たいと》、佐々木惣一京大教授は、「予算は国家の意思である」と喝破しました。その予算を司る蔵相は、総理大臣を目指す自民党政治家なら一度は経験したいポストです。福田赳夫、田中角栄、大平正芳は蔵相を経験し、力をつけます。よく、「政官財のトライアングル」と言われていましたが、自民党最左派と言われ、財界主流派や霞が関の官僚たちから警戒されていた三木を、佐藤が蔵相に据えなかったことには大きな意味があるのです。

余談ですが、大蔵省は戦後になって「最強官庁」になったとされるのが通説ですが、戦前も弱くはありません。なにしろ、軍人を大臣として受け入れなかった唯一の官庁なのですから。大蔵大臣は財政に関して最低限以上の専門家でなければ国会答弁一つこなせません。あの傲慢で有名な菅直人財務大臣も国会答弁で専門用語を答えられず立ち往生した後は財務省に頼り切りで、借りてきた猫のようにおとなしくなりました。財務省に対してだけは。下手な人物を蔵相にしたら、政治も行政も混乱します。だから、蔵相就任資格者は最初から絞られていて、総理大臣も「そんな人間は最初から大蔵大臣にさせない」という常識がありました。だから、「私は財政も外交もわかりません。私の専門は義理と人情です」と公言するような党人派の大野伴睦などは絶対に据えません。どうしても大野派に蔵相を渡す必要がある場合は、同派の財政通で知られた水田三喜男《みきお》をつけました。河野一郎、三木武夫もまた然りです。

別に通産大臣が悪い訳ではないのですが、こういう「保守本流」「政財官トライアングル」の側にいる人たちから見て、三木がどのように見えていたかは、話の前提として理解しておいてください。

では当の三木は、そういう時どうするか。

何事もなく仲良くする、です。

三木があてがわれた通産省は、他省庁と喧嘩をして権限を奪ってくるのが仕事、のような官庁です。その様相を美化した小説が城山三郎の『官僚たちの夏』なのですが、まさにその主人公のモデルが佐橋滋事務次官でした。その強烈な個性は、当時のマスコミに「佐橋大臣、三木次官」と書きたてられるほどでした。

通産省は政治との結びつきが強く、実力者が大臣になる役所ではありました。総理経験者だけをあげると、石橋湛山、岸信介、池田勇人、佐藤栄作、田中角栄、三木武夫、大平正芳、中曽根康弘、宮沢喜一、宇野宗佑です。この後、橋本龍太郎と森喜朗も経験しますが、八個師団と三角大福の時代の歴代総理が経験する大臣ではあります。通産省は、三木や中曽根のように大蔵大臣になれない人、大蔵省が弾くような人でも仲良くできる役所だとも言えます。

三木は、大阪万博などに取り組みます。また、当時の経団連会長の石坂泰三とは気が合ったのか、後年まで支援を受けています。

一年半の通産大臣を無難に勤め上げ、内閣改造では外相に回ります。これで三役は幹事長を含め二つ、主要閣僚を二つ、経験したことになります。ここで三木は、沖縄返還交渉に携わることになります。

三木の反米ナショナリズム

ここから三木の反米ナショナリズムとバルカン政治家ぶりが炸裂することになりま

す。

佐藤内閣の最大の課題は沖縄返還です。沖縄以外にも米軍に占領されたままの土地はありました。小笠原諸島は沖縄と同じく、サンフランシスコ講和条約発効後も米軍に占領されたままでした。有名な硫黄島もここに含まれます。ただ、日米が太平洋でにらみ合っているから、ハワイと日本列島の中間にある小笠原が重要になるのです。日本本土に米軍が駐留している状況では、あまり戦略的意味がありません。三木が外務大臣に在職中、アメリカは日本への返還に応じました。

最後まで残ったのは沖縄です。沖縄がアメリカにとって、どれほど重要か。

アジア太平洋における冷戦とは、太平洋に出たいソ連と、出させたくないアメリカのにらみ合いです。アラスカの手前のアリューシャン列島〜日本本土〜沖縄〜フィリピン〜オーストラリアに至る縦の線がアメリカ陣営である限り、ソ連海軍は太平洋に出ることができません。そのド真ん中に位置するのが沖縄です。

また、世界の多くの国は中東の石油に依存していますが、ペルシャ湾から日本列島に至る沿岸国に滞りなく届けられるように守っているのは米軍です。日本からさらに東に行くと、ハワイ、アメリカ本土へと横の線が結ばれます。

この縦の線と横の線の十字路が、沖縄です。アメリカの世界戦略の要です。「もともと私のものです、返してください」「はいそうですか」と行くはずがないのです。

佐藤栄作は「沖縄が復帰するまで日本の戦後は終わらない」と政権の至上命令に位置付け、返還交渉を始めます。担当大臣が三木武夫です。これを岸信介は、「私は反対したんだ。他の大臣ならいいが、日米安保条約改定の最後の決定の時に、彼は議場を退席した男だ、アメリカはそれを知っている、お前（佐藤栄作）が日米安保に反対ならともかく、安保条約の改定に反対したことが明らかな男を外務大臣にすることはない」とこき下ろします（岸信介、矢次一夫、伊藤隆『岸信介の回想』文藝春秋、1981年、p.252）。「何が人事の佐藤だ。あいつは人事が下手なんだよ」と、小馬鹿にしています。

三木のすさまじいところは、時の内閣の最優先事項こそ、政争の具にするところです。唯一の例外は池田内閣の高度成長路線です。仲が良かった池田の高度成長には楯突かなかったというだけで、岸にも佐藤にも手の一番大事なところを政争の具にして仕掛けるのが常でした。

安保条約の採決を欠席したのみならず、三木は、佐藤内閣、あるいは岸信介のタカ派路線に対してハト派イメージを強調し、平和憲法大好き人間にも媚《こび》を売っていました。さらに、「私は岸みたいな軍国主義者、戦争に協力して負けてしまって責任を取らない奴とは違います」と言っていました。岸が毛嫌いするのは当然です。戦時中は自分にすり寄り、新党を作ろうとしたくせに、です。岸がそれを覚えていたという証拠はありませんが。

三木が訴えかけるのは、左翼勢力も許容できる、反米ナショナリズムです。「戦争に負けて責任を取らない人とは自分は違う」という岸への当てこすりもそうです。また、沖縄の人の心情になれば、「アメリカ人みたいな訳がわからない人たちに占領されて、なぜ自分たちだけが」ですし、左右のイデオロギー関係なく、「アメリカに負けて悔しい」という心情に訴えかけているのです。

正論は武器だ

そして、絶対に反論できない正論を言いつつも、現実的には不可能なことをわかっているので落とし所を考えてやっています。佐藤首相に対して現職外相の立場から、「核抜き本土並み」と言っていたのはその典型例です。「核抜き本土並み」とは、「アメリカは日本本土と同じように沖縄にも核兵器を持ち込むな」という主張です。

三木睦子は『信なくば立たず』(pp.182-184)で、沖縄は贖罪《しょくざい》の意味でも一日も早く核抜き本土並みで返してもらわなければいけないという信念を三木武夫が持っていたこと、ラスク国務長官やハンフリー副大統領とも約束ができていたのに、佐藤総理が「核抜き本土並みなんて言う外務大臣はけしからん」といって三木を辞めさせたこと、佐藤は一時、沖縄の本土並み返還を諦めてしまっていたが、結局三木の根回しが功を奏して核抜き本土並みで調印できたこと、また、アメリカがどんな事情だろうと日本の事情のほうが大事だと三木は言っていたことを述べています。睦子夫人は晩年、北朝鮮の金日成《キムイルソン》と親交を持ち、九条の会の幹部を務めた、本物の左翼です。「家庭内左翼」を公言していました。こういう人にも理解できるように、「反米ナショナリズム」を訴えていたのがおわかりでしょう。

しかし現実には、アメリカが日本を軍事的に守っている状況なのですから、日本の意見など通るわけがありません。「本土並み」と言っても、日本本土だって米軍が安保条約で駐留しているのですから、沖縄から出ていくなどということは地政学上ありえません。また、そこに核兵器を持ち込むかどうかは、アメリカの勝手です。力関係から言って。ただし、三木が言っているようなことは、アメリカ側からしても「敗戦国だとそれくらい言うだろうな」みたいな論理です。面倒くさい奴と思われたでしょうが、その辺も三木の計算の内です。

のちの鳩山由紀夫も似たようなことを言いましたが、彼の場合は何の計算もない思い付きです。

三木の場合は、「正論は武器だ。しかも条件闘争の」というところが、佐藤あるいは岸にとっては許せなかったのでしょう。こうして、佐藤と三木は決定的に対立しました。

禅譲密約の反故から出馬表明へ

佐藤は自民党総裁選に四回当選しており、その二回目までは、三木と蜜月の関係でよく協力していました。一緒に、山口名物のフグを食べる仲だったそうです。佐藤内閣発足直後には「たらふく会」と称する会があり、佐藤、重宗（雄三参議院議長）、林屋亀次郎と三木が毎年正月明けにタラとフグを食べるのが恒例になっていました。下関出身の重宗がフグを取り寄せ、石川出身の林屋がタラを持ってくるという趣向です。三木によれば席上、重宗は「佐藤くんのあとは三木君、君だよ」とよく口にし、佐藤も合いづちを打つ場面がしばしばだったとのことです（荻野明己「河野参院議長擁立へ、打ち首覚悟の造反」『われは傍流にあらず』pp.139-140）。次章で重宗という人が重要人物になるので、覚えておいてください。

三木がどれほど本気にしたか怪しいですが、あきらかに禅譲の気配もない。むしろ自分の後輩の福田や田中を、佐藤は取り立てています。

そして二期四年で飽き足らず、三選を目指します。そもそも池田勇人に対して、「三選は長すぎる」と異を唱えて総裁選に立候補した人が、自分の時は何も説明しないのか。

派内の親佐藤系は禅譲路線を主張しましたが、現実にはまったく期待できません。一方で三木直系は主戦論を唱えます（『三木武夫研究』pp.224-225）。三木は悩みに悩んで決断しました。

昭和四十三年（一九六八年）十月二十九日、三木は外務大臣の辞表を佐藤に叩きつけます。

そして翌日、総裁選への出馬を表明しました。

この時のセリフ、「男は一回、勝負する」は流行語になりました。

下馬評では、第四派閥の三木は絶対勝てないだろうと思われていました。第一第二派閥の佐藤・福田連合の基礎票だけで百人を超えます。その他大勢の中間派が現職総理に逆らう訳がない。後で人事や政治資金でどんな仕返しをされるかわかりませんから。第三派閥の前尾も出馬の構えを見せていましたから、三木は三位が関の山。あまり票が少ないと、そこで政治生命は終わりの戦いです。

感涙の出馬演説「出師の表」

出馬に際し、三木の演説が残っています。ある佐藤派の秘書が偵察と称して演説を聞きに行ったそうです。

全員が注目する中、三木が入場します。全員の視線が演壇の三木に注がれます。三木は演説を始めません。ポケットに手を入れ、斜に構えて会場全体を見回します。会場は異様な緊張感に包まれます。一分ほどたったところで、ようやく演説が始まります。

「雨天の友こそ真の友と言う。今日、我々の前には嵐が吹いている。しかし、ここに君たちが集まってくれた。ここにいる君たちこそが雨天の友だ。確かに、我々は国会の中で少数派だ。今日、戦えば負けるだろう。しかし、国会の外では決して少数派ではない。我々が恐れるのは大衆の声のみだ。今から街頭へ出て、国民に直接訴えよう。明日の勝利を信じて戦うのだ」

決して雄弁ではないけれども、一語一語、噛《か》みしめるように発音する三木の演説に、会場はすすり泣く声に包まれたとのことです。かの大売国奴、派閥に出戻ってい た古井喜実などは激涙し、「これぞ出師《すいし》の表、この演説を聞いて泣かざる者は男子に非ず」などと漢文調で叫んだと言われます。

通産大臣時代に親交を持った石坂泰三前経団連会長も、応援に駆け付けます（『三木武夫　交友50年の素顔』pp.79-81）。財界がこぞって佐藤支持の中での応援でした。

結果、佐藤は過半数を軽く上回る二百四十九票でしたが、三木は百七票の大善戦でした。前尾繁三郎は九十五票で三位だっただけに、三木は立派な総裁候補として認知されました。マスコミは「官僚強権政治」の佐藤に対し、大衆政治家の三木に好意的でした。この時代のマスコミは基本的に反自民党ですが、三木にだけは好感を寄せるようになります。

財界全体としては「三木は社会主義者じゃないか？」というふうに思われながらも、石坂泰三のような支援者がいて応援演説をやってくれています。まさに大政翼賛会の時に頭山満のような人を引っ張ってきたのと同じです。きちんと保険はかけておくわけです。

三木は佐藤への対抗上、反官僚を前面に打ち出しますが、官僚機構全体を敵に回すことはしませんでした。大臣経験が長いだけに、日本の官僚機構は国際的にも優れていると認識しています（『元総理　三木武夫　議員五十年史』p.500）。官僚が悪いのではなく、官僚的な政治、官僚的手法が悪いのだという論理です。

男は何度でも勝負する

佐藤三選後の二年間、三木派は干されました。その間、佐藤は田中幹事長の指揮下、衆議院選挙で追加公認を入れて三百議席を超える大勝をします。この時の初当選組を「昭和四十四年組」と言いますが、梶山静六《せいろく》・小沢一郎・羽田孜《はたつとむ》・渡部恒三《こうぞう》・奥田敬和《けいわ》・石井一《はじめ》・林義郎・綿貫民輔《わたぬきたみすけ》ら、後の田中の親衛隊となる政治家が当選してきます。他派閥では、浜田幸一・江藤隆美《たかみ》・森喜朗、野党では土井たか子・横路孝弘・不破《ふわ》哲三ら、後の大物が多数当選し、当たり年と言われました。田中は佐藤派の資金の大半、派閥の三分の二の数の国会議員の面倒を見て、次をうかがっています。次期政権を狙う田中は、ライバルを福田赳夫と看做しています。佐藤の総裁選で多数派工作をするのも田中ですが、まるで自分が立候補した時の予行演習のようなつもりです。

佐藤は川島副総裁を使者に立てて前尾に甘言を弄し、出馬辞退を迫りました。逆らえば反主流派、従えば内閣改造で優遇する。これに前尾は乗せられ、佐藤四選支持に回りました。川島は三木にも取引を持ちかけます。

しかし、三木は川島の説得を撥《は》ねつけます。

「男は何度でも勝負する!」

三木は全国を遊説し、直接大衆に訴えます。三木派の議員も選挙区に帰り、直接訴えます。マスコミは好意的に取り上げました。しかし、総理大臣の地位は、自民党国会議員の投票で決まるのが、この時のルールです。

あえなく、三木は敗れました。ただし、票数は百十一票。しかし、大方の予想を四十票ほど上回る大善戦でした。

自分への批判票の多さに激怒した佐藤は約束の内閣改造を取りやめました。川島は直談判して抗議しましたが佐藤は聞く耳を持ちません。数日後に川島は急死します。ある意味で、もっと悲惨だったのは前尾でした。

自分の派閥である宏池会《こうちかい》で、若手の突き上げにさらされます。「孤立無援の三木ですら、あれだけ票をとったのだ。池田勇人の衣鉢を受け継ぐ我々が一致団結、本気で戦えば佐藤四選を阻止できたのではないか」「こんな情けない領袖にはついていけない」「今日限りで宏池会をやめさせていただく」等々。結局、クーデターのような形で前尾は派閥領袖を追われ、大平正芳が受け継ぐこととなります。

福田と田中に加え、大平も自前の派閥を持ち、佐藤内閣下で勢力を徐々に増やしていきます。河野一郎の死後、一貫して反主流の立場だった中曽根康弘もこの総裁選を前にした内閣改造で突如として入閣、「風見鶏」の異名で呼ばれるようになります。

二十四時間政治の事を考えている男

佐藤政権は一強、下の世代からの突き上げは来る。三木にとって、難しい二年間を迎えます。しかし、三木は「二十四時間政治の事を考えている男」と呼ばれていた人です。狙いは付けていました。

敵が強大だとしても、恐れず怯《ひる》まず立ち向かう。街頭に出て演説し、マスコミを味方につけて戦う。

小泉純一郎、あるいは彼の手法をまねた最近の小池百合子を彷彿《ほうふつ》とさせます。それもそのはず、小泉純一郎は三木的政治手法も取り入れているのですから。ただし、一つだけ小泉にあって三木に決定的に欠けているものがありました。

力強さです。

三木の手法は、敵を悪魔化するのは良いとしても、弱々しさを感じさせます。「情けないから助けてあげよう」と味方を増やす手法です。これでは一定の支持を得られても、爆発的な広がりはありえません。

その点、小泉は強大な敵を――実像以上に――演出しつつも、その強大な敵に立ち向かう自らの力強さをも印象づけます。だから大衆が熱狂的に応援する気になる、という効果を生みました。三木のように、夫婦げんかで負けそうになるのを食らいついていく、という弱々しさとは無縁です。そういえば、小泉は独身でした。

小泉は自らを「非情」と言ったことがありますが、三木を反面教師にしたところが多く見受けられます。

第7章　三角大福中時代のはじまり

参議院を制する者は日本を制す

余談ですが、私は政治史の升味《ますみ》準之輔先生の講座を受講していたことがあります。毎回の講義終了後、お話をうかがいながらレストランでババロアを食べるのが楽しみでした。

升味先生は戦前戦中戦後を通じた日本政治史の基本書『日本政党史論』全七巻をはじめ、多くの御著書を残された政治史の泰斗です。「五十五年体制」という言葉を作った人、と言えばわかりやすいでしょうか。その升味先生から、三木に関する面白い話をお聞きしたことがあります。

総裁選で佐藤に負けた時、三木は自民党内で展望をなくして新党を考えていたそうです。その時、新党の趣意書の起草を升味先生に依頼したそうです。三木が「自由民権運動以来の〜云々」という文言で自分を位置付けてくれと頼んだのに対し、升味先生は「板垣退助がどういう人かわかっていますか。どうしてもと言うなら書きますが……」と説得したそうですが、よくわかってくれなかったそうです。その新党構想そのものが立ち消えになったので、そんな文章を書かなくて済んだと安堵《あんど》したそうですが。

さて、二度も総裁選に敗れた三木ですが、反撃の機を着々と窺っていました。実はこれが、四年後に誕生する三木内閣への、そして弱体と言われながら二年も続いた布石になります。

三木が目をつけたのは参議院でした。

今でも永田町、特に自民党政治家は衆議院を上に見る傾向がありますが、「今の憲法では歴代総理大臣は全員が衆議院議員だ」以外の理由があるのでしょうか。別に参議院議員でも総理大臣になれるのですが。

何より、強い総理大臣は参議院を押さえているから強いのです。第一次安倍内閣の終わりから野田内閣まで政治が混乱したのは、大半の期間で衆議院と参議院の多数派が異なるねじれ国会だったからです。その前の小泉内閣は長期政権でしたが、参議院のドンである青木幹雄とは一度も喧嘩していません。闇将軍と言われた竹下登、その前の田中角栄も、参議院で圧倒的な勢力を持っていたから、時の総理をも凌ぐ最高権力者だったのです。佐藤栄作も、また然り。

政治の世界には、「参議院を笑うものは参議院に泣く」「参議院を制する者は日本を制す」との言葉があります。前者は、竹下派分裂騒動で小沢一郎が衆議院の過半数を従えながら、参議院を小馬鹿にした態度が災いして誰もついていかず、最終的に権力闘争に敗れた様を竹下登が揶揄した言葉です。後者は、今からお話しする、「河野擁立劇」で三木武夫が佐藤栄作に一矢報いた時に生まれた言葉です。

前章でお話しした、「たらふく会」を思い出してください。佐藤と三木が蜜月だったころ、重宗雄三参議院議長らとタラやフグを仲良く食べていた話です。

三木は、この重宗の、参議院の議長人事に目をつけました。

既に、重宗は三期九年の長きにわたり議長職のポストに座り続け、国会における議案の処理に強引なところがあったほか、片や参議院自民党の法皇として君臨し、常任委員長、理事の選任をはじめ閣僚の推薦権を握り、自民党総裁選挙の参議院の取り纏《まと》めに大きな力を発揮するという、参議院のドンとしての重宗王国が築かれていった、という状態でした（初村滝一郎「河野議長誕生の秘話」『三木武夫とその時代：政治記者の記録』一七会、１９９０年、pp.141-142）。

この頃の参議院は「カーボンコピー」などと言われ、無用の長物扱いでした。しかし、重宗のようなボスには、それが丁度良いのです。ちなみに、「衆議院のカーボンコピイ」という表現は、松本克美「参議院の〝危機〟の実態」（『中央公論』１９５９年7月号）で既に見られるそうです（竹中治堅「首相と参議院の独自性：参議院封じ込め」『選挙研究』23号、2008年)。

衆議院の結論と必ず同じになるということは、時の首相の意思が参議院で通るということです。今の憲法では、衆議院の首班指名で総理大臣が決まるので、衆議院の意思は首相の意思です。ということは、参議院のボスは、時の首相に恩を売ることができます。その見返りとして、佐藤は組閣に際して参議院議員の起用は、重宗の提出する名簿に従って決めていました。佐藤内閣では、参議院議員三名が「枠」のようになっていました。これが重宗の力の源泉です。

「桜会」の重宗おろし

はっきり言って参議院議員は、圧力団体の力といった他人の力で当選させてもらった人か、田舎議員が養老院代わりにさせてもらった名誉職のような人ばかりでした。個々の議員は非常に弱い。それだけに、いったんボスになってしまえば、扱いやすいことこの上ない。しかも総裁選になれば、聞き分けがない衆議院の議員と、同じ一票です。

これに危機感を持ったのが、河野謙三です。河野は亡き一郎の実弟で、兄の忘れ形見の洋平も当選二回の若手代議士です。二人は、佐藤への怨念を重宗に向けます。

河野謙三は、自民党全議員に自書のパンフレットを配り、参議院改革を訴えます。これに三木武夫が目をつけます。さらに、人気作家で、驚異的な三百万票の得票で当選した知名度抜群の石原慎太郎も馳《は》せ参じます。今でこそ角栄本でぼろ儲けしつつ、「三木武夫という愚かな政治家が居た」というふうに書き殴っていますが、この時は親衛隊長格です。親衛隊長と言っても、隊員がいたかどうか怪しいのが三木派ですが。

とにもかくにも、三木は参議院三木派を結集し、石原も加えて、重宗おろしを画策します。彼らは、「桜会」を名乗ります。桜会は十二人。彼らが造反して野党と組めば、重宗は議長選挙で勝てません。

自民党政治で反主流派を完全に干しあげないのは、たとえ一つの派閥でも、まとまって造反し、彼らが野党と組めば総理大臣は少数派に転落するという力学があるからです。現に、自民党が野党に転落した時は、反主流派に追い詰められた羽田派が野党の不信任案に賛成、脱党・新党結成をしたからです。本当にそれをやったのは平成の羽田孜が最初ですが、三木は「やるぞ、やるぞ」と見せかけるのが武器でした。実際に、計画していた訳ですし。

二度の総裁選で敗れ反主流派に追いやられた三木が造反して野党と組むのか、自民党内は固唾を飲んで見守っていました。ポスト佐藤を狙う福田赳夫外相だけは、気が気ではなかったでしょうが。重宗は福田支持と思われていましたが、あいにく福田は胆石を取る手術で入院中でした。福田は外交日程も政局も特に波風は立つまいと考えて軽い手術の日取りを決めたのでしょうが、三木がそういうタイミングを狙うのは当然です。

また、この時は田中角栄は動いていません。佐藤の意を受けた保利《ほり》茂幹事長から協力要請を受けた時、「自分は通産大臣で管轄外なので、今回動きません」と断っています。公明党との関係が深い田中が動けばどうなったかわかりません。しかし、三木は何の根回しをしなくても、田中は動かないと考えたでしょう。なぜならば、ポスト佐藤で田中は福田と争っています。その福田の後ろ盾の一人である重宗の失脚は、自分に有利です。しかも、田中は河野謙三とも懇意です。「通産大臣なので、動けません」という、立派な大義名分がある。この時、佐藤内閣は沖縄返還交渉の大詰めでしたが、同時にアメリカとの繊維交渉が難航していました。沖縄返還という政権の最終戦課題を実現するために、田中は通産大臣に据えられて繊維交渉に当たっているのです。佐藤や保利が、田中に「動け」と強要する方が御無体なのです。三木からしたら「お前にとっても利益なんだから、動かないだろう」です。田中にとっても渡りに船です。

三木は絶妙の状況で、仕掛けてきたのです。

「負けたら全員打ち首だ」

この時、ジャーナリストで、生前は「ビートたけしのTVタックル」でもおなじみだった三宅久之も工作しています。むしろ、中心人物でした。三宅が河野洋平に「謙三さん担ごう」と言いだしたそうです。そして、三木武夫を引きずり込み全野党と組めれば、議長選挙に勝てると踏みます（三宅久之「春秋会担当記者の結束」『証言河野謙三』毎日新聞社、1985年、pp.50-54、『三宅久之の書けなかった特ダネ』青春新書インテリジェンス、2010年、pp.91-100）。三木からしたら「よし、やろう」ですし、三宅の方も「三木なら乗るだろう」と考えて持ちかけたのです。ただし、簡単な話ではありません。

ここでポイントは「全野党」、すなわち「共産党も含めて」です。今でこそ「民共連合」などと他の野党との協調を言いだしていますが、二〇一六年夏の参議院選挙、せいぜい二〇一五年の安保法制騒動が最初で、それまでの共産党は自民党はもちろん、他の野党とも手を組まない独自路線の政党でした。そもそも共産主義とは「世界中の政府を暴力で転覆して、金持ちを皆殺しにしたら、全人類は幸せになれる」という思想です。自民党に限らず、他の野党も、「さすがに共産党とは手を組めない」が常識なのです。本書でも、社会党の「右派・左派」という話が何度か出てきましたが、社会党左派とは、「共産党なんて名前だと（自分の出たい選挙区の）日本人にはアレルギーが強すぎて当選できないので、社会党に入った」という人たちの事です。共産党と組むのは、それほどのタブーでした。

ところが三木は、戦後初めてそのタブーに手を付けたのです。

この時の議長選挙では、共産党がいつものように自分の党の候補に投票すれば、重宗は多数です。しかし、桜会とその他の野党が推す河野謙三に入れれば、重宗の負けです。共産党がキャスティングボートを握ったのです。

佐藤と重宗は必死に工作します。議長選前々日には重宗本人が三木に電話をして頼み込んできます。最後には重宗が降りて、議長候補には木内四郎を立ててきました。また、桜会へも必死の切り崩しをします（『証言河野謙三』p.58、63、68）。

これに対し、三木も必死です。自分の首に手を添えて、「負けたら全員打ち首だ」と全員の前でジェスチャーをしたとか（荻野明己「河野参院議長擁立へ、打ち首覚悟の造反」『われは傍流にあらず』p.143）。

その場にいた三木の番記者の久保紘之さんに個人的に聞いたところ、「妖気が出ていて怖かった」とのことです。某議員が「俺は、やはり謀反人にはならない！」などと絶叫して出て行ったあとのセリフを、久保は書き残しています。「筆者が驚愕したのはそのときの三木の態度である。三木は冷酷そのものにこう言い放つのである。『キミらやかし（阿波弁、らはの意味）よう見とけよ。こういう（修羅場の）ときは、人間がすべて上から（と手で引き出しにものでも入れるような仕草をしながら）順にファイルできるときなんだよ』と」（『田中角栄とその弟子たち』p.135）。

意味がよくとれませんが、人間の価値を示すファイル棚があって、その人間の行動が上の棚、下の棚にファイリングされていくということでしょうか。中国ではアーカイブのことを「档案」と訳しますが、この単語の元の意味は「履歴書」です。まるで「裏切っても、お前の行動は地獄の閻魔《えんま》大王が見ているんだよ」と脅しているように聞こえます。

一番行動的だったのは、石原慎太郎でした。この時に裏切り者が出たので、石原がトイレに連れ込んで襟首をつかんだり、ホテルの片隅でボールペンで「目ン玉刺すぞ」「この場で目を潰されたいかあっちにつくか？　どっちかにしろ！」って脅しました。そういうエピソードが残ってるくらい石原は三木に忠誠を尽くしました。なぜこんな事を知っているかというと、石原が自慢げに回顧録で書いているからです（石原慎太郎『国家なる幻影　上』文春文庫、2001年、p.169）。

宮本顕治を恫喝

激しい抗争の末に重宗は降り、木内対河野の決戦になるのですが、注目は「本当に共産党が河野につくのか？」です。

そこで使者となって宮本顕治の所に行ったのが三宅久之です（『証言河野謙三』p.53、『三宅久之の書けなかった特ダネ』p.97）。この時、剛腕記者の三宅が宮本顕治を恫喝したとの伝説があります（佐高信《さたかまこと》『正言は反のごとし：二人の謙三』講談社文庫、1995年、pp.26-27）。三宅さんにその真偽を確認したところ、「丁重にお願いしました」「あの党は宮本委員長が決めたら、一糸乱れずですから」とのことでした。とはいうものの、共産党の方も、本当に自民党議員の河野謙三に投票して良いものか、迷いはあったようです。

実際に社会党の阿具根《あぐね》登は、議長選挙当日に未だに態度を決めかねている共産党議員に対して、「いつものように中立だったら利敵行為をしたものと見なす」と恫喝しています（河野謙三『議長一代』朝日新聞社、1978年、p.29）。

結果、河野は共産党も含めた全野党の支持で議長選挙に勝ちました。三木が佐藤に一矢報いたのです。

その後、三木が三宅を料亭に招いて「僕は負け戦ばっかりだったけど君のお陰で初めて勝てた」って高級腕時計を贈ったという話が残されています（『証言河野謙三』p.50、『三宅久之の書けなかった特ダネ』pp.91-92）。当時の政治記者というのは、実はそういうふうに永田町の中枢で工作員だか忍者だかのように動きまわる人々でした。今は知りませんが、当時は当たり前でした。

最近では、佐藤も本音では重宗を煙たがっていたから、真剣ではなかったとする学者もいます（竹中治堅『参議院とは何か　１９４７〜２０１０』中公叢書、２０１０年）。しかし、重宗を煙たがっていたからと、木内が負けることまでが計算の範囲内だったでしょうか。自分に楯突いた河野謙三が議長に当選したことは、佐藤にとって間違いなく痛手でした。

戦後政治史の「通説」のような、『小説吉田学校』では、佐藤栄作は小学校出の田中角栄を忌避し、同じ東大・官僚エリートの福田赳夫を次期総理に据えたかった。それを角栄は持ち前の馬力で撥ねかえした、との物語で描かれています。著者の戸川は「田中角栄のゲッベルス」と、ヒトラー政権のプロパガンダ担当大臣になぞらえられるような人物です。どこまでそのストーリーを信じてよいかには、慎重であるべきでしょう。『小説吉田学校』はよくよく読むと筋の通らないことが多いのですから。たとえば、田中と佐藤の関係でも、田中が謀反を起こした後なのに佐藤に呼び出され、「福田と連合を組め」と言われて唯々諾々と従っているシーンが出てきますし、田中政権樹立で佐藤が完全に影響力を無くしたかのような記述がある一方で、要所要所で前首相の佐藤に田中が相談するなど。実際、佐藤寛子夫人の話によると、佐藤は特に田中を嫌っていなかったようですし。

佐藤は最後まで福田を後継には指名しませんでしたし、田中と競わせました。

ただ、間違いなく言えるのは、福田は佐藤からの禅譲を期待し、着々と準備を進める田中に対して後れを取っていたことでした。重宗おろしなどは、なすすべもありませんでした。

本命は福田、対抗は田中

福田は大蔵省のエースと言われていましたが、その大蔵省も田中に侵食されていました。

重宗おろしの際の、昭和四十六年（一九七一年）の人事は如実です（この人事は、四十八年まで続く）。この時の鳩山威《い》一郎《いちろう》事務次官、相沢英之主計局長、高木文雄主税局長の三幹部が、大蔵官僚のトップに次々と就いていくのですが、全員が田中系です。福田直系の橋口収理財局長は、相沢次官時代に主計局長に回りますが、ついぞ次官になれませんでした。

いまだ戦後の大蔵省史において、主計局長を経験しながら次官になれなかったのは、占領期に公職追放された中村建城、同じく占領期の政争に巻き込まれ昭電疑獄で逮捕された福田赳夫、田中角栄の人事壟断《ろうだん》の余波を受けた橋口収、平成の大蔵省バッシングで種々の疑惑を追及された涌井洋治の四人だけです。ちなみに、財務省改名以来は、主計局長の全員が次官に昇格しています。少し先の話になりますが、福田派と目された橋口は「角福戦争」の被害者と目されています。また、「大蔵省は田中角栄に強姦された」と悲鳴を上げる人々も出てきます（神一行『大蔵官僚』講談社文庫、1986年、p.215）。

エスタブリッシュメントの代表のような福田に対し、田中は長い時間をかけて政官界に自分の派閥を扶植していました。官界では大蔵省、そして政界では佐藤派を乗っ取ります。

田中は、佐藤派「周山会」の三分の二に当たる八十一人の議員を引き連れ、田中派を旗揚げします。

他に代わる人が居ませんでしたから長期政権になりましたが、このころ既に人心はとっくに佐藤から離れていました。

昭和四十七年五月十五日、沖縄の本土復帰が実現します。これが佐藤の花道になります。

退陣表明の記者会見は語り草です。佐藤は、「新聞は嘘ばっかり書いているからテレビで直接国民と話したい」「新聞記者全員出てけ！」とやってしまいました。結局、すべての記者が会見場から退席し、カメラに向かって佐藤が直接に語りかけるという、異様な会見でした。今で言うと、総理大臣が退陣会見で「テレビは信用できないからネットで直接国民と話したい」と、ニコニコ動画だけに向かって語りかけるようなものでしょうか。

長すぎた佐藤内閣が終わり、世代交代がなりました。

三角大福中、すなわち三木武夫・田中角栄・大平正芳・福田赳夫・中曽根康弘の五人の派閥が、自民党総裁の椅子をめぐって激しく争う時代の始まりです。

本命は福田、対抗は田中と見られていました。三木は前の世代から取り残された感があります。実際、過去二回の総裁選挙では百票を超える得票だったのに、「参加することに意義がある」とばかりに名乗りを上げた大平にまで負ける四位でしたから、相当の焦燥感があったと思います。中曽根康弘に対して、「今度が最後の立候補だ。これが終われば、三木派は君に譲る。改進党系の君とぼくとで勢力の再建をはかろう」とまでもちかけたそうです（伊藤昌哉『自民党戦国史　上』ちくま文庫、２００９年、pp.76-77）。こんな話、当然ながら中曽根は全く信じないですが。

この時の総裁選挙で田中は百億円使ったと言われます（今の価値で百七十億円）。田中からしたら、「学歴もコネも何にもない俺が福田に勝つにはそれ以外に何があるのだ。戦国時代のように人を殺さないのだから、いいじゃないか」です。

「もっと火を大きくしてこい」

結局、中曽根は田中派についていきます。中曽根は角福の板挟みにあい、最後は田中に派閥ごと七億円で買収されたとか噂が流れましたが、真偽はわかりません。これに絡む、〝クリーン三木〟を象徴するエピソードがあります。

ある三木派の代議士二人が、「週刊誌はこんなことを報じているが、本当なのか！」と総務会で迫り、中曽根を激怒させたという事件がありました。自分の陣営につかない中曽根を責めたてて意趣返しをしたつもりなのでしょう。政治の世界では、味方に付かなかった者を見せしめに潰す、というのはよくある話です。領袖の三木に褒めてもらおうと、派閥に戻って意気揚々と報告しました。ところが三木は天を仰いで、「中曽根君は、明日味方になるかもしれないのに、そんな事をやるなんて君たち何を考えているんだ」「政治家が人身攻撃をやるなんて良くない。政策で勝負するもんなんだ」と説教をはじめました。その人たちは、「三木さんの為を思ってやったのに何だ！」と怒り、あげくは派閥を出て行った。三木の世渡り下手だが、廉潔を示すエピソードとして伝わっています。

ところが、この話には続きがあります。

三木に怒られた件《くだん》の代議士二人は、「では、まだ総務会が続いているようですから、訂正してきます」と駆け出そうとしたら、再び三木は天を仰いで「本当に君たちは政治をわかっていない。もっと火を大きくしてくるんだ！」と命令されたとのこと（『田中角栄とその弟子たち』p.200）。

あまりにも発想が飛んでいるのでよくわかりませんが、要するに、明日組むかもしれない相手の弱点に火をつけた以上、相手をとことん攻撃して最も弱ったところで妥協するものだ、と言いたいのでしょうか。この辺の瞬時の判断の切り替えは、さすがにくぐった修羅場の数が違います。

こんな調子で三木は、福田赳夫を必死で追い上げる田中角栄をも恫喝しています。三木の得意技は「ギリギリの瞬間に条件闘争」「政局の最大の武器は政策」です。中国問題を争点に持ち込んだのです。

米ソ冷戦が続く中、突如としてニクソン大統領が北京を訪問します。それまで、台湾の蔣介石を中国の正統政府と認めてきたのですが、大陸を実効支配する毛沢東の中華人民共和国を国家承認する構えを見せたのです。ソ連への対抗上です。

三木はこれを自民党総裁選の政局に持ち込んだのです。

佐藤政権の間、日本は台湾との友誼《ゆうぎ》を守ってきました。福田赳夫は親台湾で知られていましたから、その路線を継ぐと自他ともに認めています。

だから三木は田中に対して北京政府を承認するよう、求めたのです。

三木はニクソン訪中の直後から、「アメリカのニクソンが中国と手を組んだんだから、日本も台湾ばっかり見てないで中国との関係をそれなりに考えるべきだ。いきなり台湾を無下にしなくても良いけれども、台湾一辺倒では国際政治に乗り遅れる」という発言を繰り返します（『議会政治とともに　上』pp.384-405）。

田中としても台湾になんか何の思い入れもありませんから、特に反対する必要はありません。むしろ敵の敵は味方で、福田の逆をやる気満々です。三木派からは珍しく他派閥との工作ができる毛利松平《まつへい》、田中派からは毛利の友人の金丸信が帯同し、四人で盟約を結ぶ秘密交渉を行います。

「田中君、日中やるか」

先に部屋に入って待つ田中と金丸に対し、三木は入ってきた瞬間に、「田中君、日中やるかどうなんだ? それを聞かない限り座るわけにはいかん」と、いきなり開口一番迫ります。三白眼で見下ろす三木に対し、田中はキッと睨《にら》み返したけど何も言い返せない。そこで隣の金丸信が「もし田中が日中をやらないって言ったら、私は三木派に入ります」と答えたので、「じゃあ座りましょう」と同盟交渉が始まりました(金丸信『私の履歴書 立ち技 寝技』日本経済新聞社、1988年、pp.95-96)。

同盟を結ぶのも維持するのも戦をするのと同じ、との言葉がありますが、三木はそれを地でいっています。どう考えても三木派と田中派は恩讐《おんしゅう》を超えて組まなければいけない状態でも、これだけの鍔《つば》迫《ぜ》り合いをやるというのが政治家の交渉という事です。

昭和四十七年七月五日、総裁選の投票が行われます。

結果は、第一回投票が、一位は田中・百五十六票、二位は福田・百五十票、三位は大平・百一票、四位は三木・六十九票です。田中は三人が裏切れば二位の、薄氷の勝利です。この時点で中曽根は自分が出馬せずに田中支持を鮮明にしていますから、中曽根派四十人の支持で田中は一位になれた訳です。

決選投票は、田中二百八十二票、福田百九十票です。田中は悲願の総裁になり、総理大臣の椅子も手にすることになります。しかし、大平派六十人か三木派四十人のどちらが裏切っても、福田に負けていました。

三木がどれほど自分を高く売りつけたかわかるでしょうか。問題は、田中が三木だけでなく、大平と中曽根にも大きな借りを作ってしまったので三木派の値段が安くなったということですが。

ちなみに、この票数を見た瞬間に浜田幸一は、田中の愛人にして金庫番の佐藤昭へ田中内閣の短命を予見したとのことです(佐藤昭子『決定版 私の田中角栄日記』新潮文庫、2001年、p.16)。その予見は、的中します。

案の定、党役員と組閣人事で三派が好き放題の要求をして、田中は頭を抱えます。大平は幹事長を要求し、三木も中曽根も自派に三役を求める。そうしたら、中曽根派の三役入りに大平と三木がこぞって反対。このどさくさに三木は副総理を要求し、田中は組閣後一ヵ月以上たって認める、という顛末《てんまつ》です(毎日新聞東京朝刊 1972

年7月7日付、同8月28日付)。

田中は、何とか幹事長は自派の橋本登美三郎を据えましたが、残りの三役は大平派の鈴木善幸総務会長と中曽根派の桜内義雄政調会長になります。副総裁は椎名派の領袖、椎名悦三郎ですから、三木派の枠がありません。そこで、総裁選三位の大平外相を抑え、四位の三木が副総理になるという顚末です。

この人たちからしたら、「誰のおかげで総理になれたんだ?」です。

総理大臣時代の田中角栄は、実は弱いのです。

総裁選で惨敗した三木ですが、自分より上位だった政治家を差し置いて、副総理の椅子をかっさらっていきます。これを認めざるを得ない田中は、これまた大平に借りを作ってしまいます。

第8章　戦機を確信した三木

不安定な田中内閣の基盤

田中内閣は、なぜ弱体だったか。

史上初の小学校出の総理大臣、「今太閤」などともてはやされ、支持率は当時の史上最高の六十二%を記録しました。「今太閤」とは「現代の豊臣秀吉」という意味です。角栄は中央工学校卒業なので正確には専門学校卒なのですが、あえて「経歴詐称」しても許された時代でした。ちなみに、角栄時代の「小学校出」は今の感覚で「中卒」と思ってください。

東大法学部から公務員試験首席の大蔵官僚出身の福田赳夫に、「中卒」の角栄が勝った！

世は、角栄ブームに沸きます。しかし、いつの時代もマスコミは「落とすために持ち上げる」もの。田中内閣の基盤は、非常に不安定でした。

石橋内閣や岸内閣を思い出せば、不思議でもなんでもないと思います。

石橋は七票差で岸に勝ちました。一回目の投票では二位でしたが、三位の石井光次郎と「二位三位連合」を組んで逆転したのでした。しかし、勝つには勝ちましたが、党内の半分を敵に回している訳ですから、組閣は難航します。また、石井派への論功行賞に失敗し、組閣初日に彼らは反主流派に回ります。

その石橋の病気退陣を受けた岸も、党内の半分が敵であるという条件は同じです。主流派として支えてもらうために政権授受の約束をしたり、主流派と反主流派を入れ替えたり、不安定な政権運営を強いられました。

総理大臣の権限というのは憲法上恐ろしく強いのですけれども、総理大臣になるためには首班指名に勝たなければいけない。首班指名に勝つためには、自民党の総裁選挙で勝たなければいけない。自民党総裁選挙で勝つには、自分の派閥を養うだけでなく、他の派閥の協力を得なければならない。

昭和四十七年（一九七二年）総裁選で、自民党の最大派閥は福田派でした。第二派閥の田中派は、これをひっくり返すために、大平・三木・中曽根のすべての派閥の力を必要としました。田中は、二位三位四位五位連合で勝利したのです。これで安定するわけがありません。

自派他派の入閣希望者が殺到し、田中は頭を抱えます。単なる大臣ポストだけでなく、利権も配分しなければなりません。四国と本州には、三本の橋が架かっています。香川県出身の大平が「瀬戸大橋を作れ」と要求すれば岡山県と結ぶ、徳島県出身の三木が「淡路大橋が必要だ」と応じれば兵庫県と結ばれる、そしていつのまにか愛媛県と広島県にも橋が架かっている、という有り様です(http://ktymtskz.my.coocan.jp/project/honsi2.htm のサイトに「本四架橋３本の建設の経緯」)(篠原武司語　高口英茂記『新幹線発案者の独り言』パンリサーチ出版局、１９９２年、pp.122-134)。

彼らの支持が無ければ政権を維持できないのだから、仕方ありません。だったら、無駄な公共事業だろうがなんだろうが、そこで利権を仕切った方が自分の権力につながる訳です。

中曽根こそ同い年ですが、主流派に三木・大平、反主流派に福田と、自分より年上の実力政治家が次の総理の椅子を狙っています。この状況を打破するにはどうするかというと、「解散総選挙で自分の手勢を増やす」のが常道です。ところが、昭和四十七年十二月の総選挙で、すべての常任委員会で多数を占めることができる安定過半数こそ維持しましたが、三年前の総選挙から三十人も減らしました。

強力な野党、創共協定

社会、公明、共産の野党が元気でした。この三党は、いがみ合いながらも国会で田中攻撃をする時だけは一致します。少し先の事になりますが、昭和四十九年には「創共協定」が結ばれました。

今の両団体のお互いを悪魔の如く罵り合う関係からは想像できませんが、公明党の支持母体である創価学会の池田大作会長と、宮本顕治共産党委員長が握手したのです。高名な作家である松本清張が、自民党一党支配を倒すために、二人を動かしたのです。ただ、この時の池田の公明党への影響力は意外と弱く、協定が同盟として実態化するまでには至りませんでした（島田裕巳『創価学会』新潮新書、２００４年、p.101）。当時の政界の常識では、公明党が田中内閣を倒す本気を見せるとは思えませんでした。

公明党は幹事長時代の田中角栄に大きな借りがありました。評論家の藤原弘達が『創価学会を斬る』を出版しようとしたとき、印刷工に学会員がいたことからその内容が漏洩し、出版を妨害しようとしたため、言論の自由を侵害する大事件として国会でも取り上げられることとなりました。窮地に立たされた公明党をかばったのが、田中でした。藤原は三木の親友ですが、こうした因縁が後に複雑に絡み合い、田中や三木の運命を動かします。

公明党は、三木が総裁選の最大の争点とした中国問題でも、重要な動きを見せました。

中国問題に関しては、今に至るまで四つの立場・系統があります。

第一は、松村謙三・古井喜実のような筋金入りの親中派です。彼らは「中国の悪口は日本のマスコミでは書きません」というような「日中記者協定」を勝手に結んでくるような、〝媚中〟と言っていいような連中です。彼らはもともと三木派でしたが、派閥を離脱した話は既にしました。

第二は、台湾を切り捨てて北京政府と結ぼうとする勢力です。第一のグループはここに合流していくことになります。田中や外相となった大平は、北京政府を中国唯一の正統政府と認め、台湾の国家承認を切り捨てます。田中と大平は政権発足三ヵ月で北京政府を日中共同声明で国家承認しますが、やがて彼らが北京を後ろ盾にして日本国内で絶大な権力を握っていく端緒です。大平は、外務大臣声明一つで日華平和条約を破棄し、台湾を切り捨てました。露骨に北京にすり寄る勢力です。

第三は、三木の立場です。ここに池田内閣で外相を務めた、小坂善太郎も入ります（後に三木内閣でも外相）。彼らの立場は、中国と仲良くしつつ、それはアメリカがソ連と張り合う世界戦略の一環です。アメリカが中国接近したので歩調を合わせ、米中日でソ連と対峙しようとの思惑です。その時に台湾が切り捨てられないように配慮が必要だとの立場も堅持していました。

三木は確かに北京政府を重視する言動を見せていますが、日台間の空路再開などに見られるように田中内閣の方針修正を行っています（中村慶一郎『三木政権・747日』行政問題研究所出版局、1981年、pp.85-89)。大角連合と三木の温度差は、かなり大きいと考えてください。

第四の立場が、福田赳夫です。福田は親米、台湾一辺倒でした。昭和四十七年角福戦争では、この福田が孤立した構図がわかるでしょうか。

なお、中曽根康弘は、この四つすべての立場を遊泳します。

田中が高度経済成長を終わらせた

とにもかくにも、田中内閣の日中共同声明は電撃的に行われました。それだけに摩擦もあります。

今の教科書では「日中国交正常化」と書かれることも多いですが、「正常化」とはそれ以前が不正常だったことを暗に示しています。それ以前、日本は共産党との内戦に敗れて台湾に逃れた国民党を中国の正統な政府と看做してきました。それを田中が、北京政府の方を正統政府と看做す、と変更したのです。「中国」という国の存在は認めていますから、国交はあります。その代表する政府を台湾の国民党から変更したということですから、正確には「北京政府承認」です。

これに当然ながら台湾は怒り、田中はなだめるために椎名悦三郎副総裁を特使として送りました。わび状を持たせて知らんぷりです。北京一辺倒な田中や大平に対し、むしろ中国問題を総裁選に持ち込んだ三木の方が、「台湾を切り捨てるな」との方向に傾斜していくのが皮肉です。

まとめて言うと、田中は石油ショックに直面し、石油を売らないと言い出したアラブ諸国をなだめるために、これまた特使として副総理の三木を送ります。今の安倍首相なら全部自分で行きそうです。優先順位の低いことは部下に任せる。「副」が付く肩書の人物を送れば良いだろう、という田中の感覚が見て取れます。この時、イランの王様に向かって「アラブを代表する……」とお世辞を言ってあきれられた話は語り草です。イラン人はペルシャ民族ですから。

田中がのめり込んだのは、日本列島改造計画です。「人口格差の是正」「全国二十万都市の実現」など、日本中に公共事業をまき散らしました。たとえば、この時、「一県一空港」を推進しましたが、空港の警備など後先は何も考えていません。とにかく予算をばら撒いて群がる人々を支配下に置くことしか考えていなかったのです。景気は無意味に、過熱します。

よく、田中角栄は高度経済成長の申し子だと言われますが、大嘘です。高度経済成長の土台は岸信介内閣がつくり、池田勇人内閣の「所得倍増計画」で実現、開花しました。佐藤栄作内閣では池田時代以上の経済成長率を達成しました。戦後日本の黄金時代と言われ、特定の世代がある種のノスタルジーを感じる時代です。この間、池田内閣で田中が蔵相を三度務めたことは事実です。しかし、田中は池田の路線の忠実な実践者にすぎません。

むしろ、首相時代の田中が高度経済成長を終わらせた、という点を重視すべきでしょう。

田中が政権を獲得して最初の予算編成が昭和四十八年度予算です。大蔵省は景気がインフレ傾向にあることから、抑制的な予算を編成すべきだと考えていました。ところが、当時の大蔵省の幹部は、鳩山威一郎事務次官、相沢英之主計局長、高木文雄主税局長と、田中の「私兵」と呼ばれた人たちです。むしろ、前代未聞の積極予算を組みました。主計局が他の役所に「もっと付けてやるからどんどん要求を持って来い」と言ってきたという話まで残っています。

さらに、嫌がる日銀に対して、マネーサプライを増やさせました。日銀プロパーの佐々木直総裁はなすすべがありませんでした。マネーサプライの供給を増やすとは、要するにお札を刷ることです。それは今のようにデフレの時にやる政策です。景気がインフレ傾向の時に、さらに過熱するとどうなるか。

福田赳夫が「狂乱物価」と名付けた悲惨な状態になりました。しかも、そこへ石油ショックの混乱が重なり、消費者物価指数は二十三%も跳ね上がります。高度経済成長期で七〜十二%ですから、異常なインフレです。

空前の金権選挙

この時のトラウマが日銀をいまだに覆っています。平成のデフレ期に「デフレターゲット」と糾弾されるようなデフレ政策を行った白川方明《まさあき》日銀総裁は、昭和四十七年入行です。現在日銀は総裁こそマネーサプライを増やすことを基軸にしたアベノミクス（アベクロノミクス）を主導している黒田東彦《はるひこ》で、政策委員会は九名中七名がアベノミクス支持派です。しかし、日銀の中枢である企画局を中心に、プロパーは白川前総裁と変わらない発想の人々が多数です。

インフレへのトラウマは大蔵省も変わりません。田中の「私兵」と化す幹部たちに対し、中堅層は反発しました。当時課長級の、吉野良彦主計官と斎藤次郎主査は敗れたものの、徹底抗戦します。吉野は、田中を倒して政権を握った竹下登の内閣で消費税を導入しますし、斎藤も増税に血道を上げました。彼らの、「増税しか日本を救う道はない」とする、宗教にも似た信念は、現在の財務省全体の根本思想です。今や財務省は「増税省」とも揶揄されますが、決して大蔵省の伝統ではないはずなのに「増税しか日本を救う道はない」と彼らが追い詰められていった詳しい過程は、小著『検証　財務省の近現代史』（光文社、２０１２年）をご参照ください。

そして、田中の代名詞と言えば、金権選挙です。昭和四十九年七月の参議院選挙は、空前の金権選挙と言われました。「企業ぐるみ選挙」という言葉も生まれましたが、「利権が欲しい企業は、社員全員自民党の候補者に投票しなさい」みたいな無茶苦茶を全国でやりました（大下英治『田中角栄VS福田赳夫』静山社文庫、２０１０年、pp.198-202）。

田中の選挙に関する考え方は、単純明快です。勝てる候補を立てる、です。衆議院議員だと二世議員に地盤を継がせるのが勝ちやすいです。参議院の全国区はタレントや有名人、あと圧力団体の代表です。地方区は田舎県議、もしくは首長とわかりやすい形です。彼らの能力など、関係ありません。投票の時に、「賛成か反対かを間違えなければいい」「記名投票では言われた名前を書けばいい」です。

こんな感じですから、田中派は「竹下、金丸以外、集金能力ゼロの無能者集団」と揶揄されていました。人材がそろっているかのように見えて、政策通の愛知揆一蔵相の死後は、橋本登美三郎や二階堂進など角栄の力が無ければ何もできない幹部に取り囲まれます。角栄はそれを承知していた節があります。この時の選挙で、官界の天皇と言われた後藤田正晴元警察庁長官（田中内閣で官房事務副長官）を擁立しますが、なんとしてでも後藤田が欲しいとの必死さが伝わってきます。

この後藤田擁立がきっかけで、田中は三木と正面衝突します。

三木vs.後藤田「徳島代理戦争」

最初、田中は後藤田を参議院全国区に擁立しようとしました。後藤田の警察庁長官在職時代は、よど号ハイジャック事件やあさま山荘事件など大事件が続発し、そのたびにテレビに映る後藤田は知名度抜群だったからです。

あまり知られていませんが、三木と後藤田の仲は悪くありません。

後に中川一郎派から渡辺美智雄派に属し、そして小泉純一郎内閣では幹事長として「偉大なるイエスマン！」として親しまれた武部勤は、最初の就職先は三木主宰の中央政策研究所研究員です。武部が北海道議選挙に出馬した際、当落がギリギリの戦況の中で領袖の三木に相談すると、「どんな手段を使ってでも勝て。後はなんとでもする」との返事が返ってきて、クリーン三木がこんなことを言うのかと驚いたとのこと。それで、戸別訪問をやって公職選挙法違反で警察に踏み込まれたところ、三木が後藤田に口利きをして事なきを得たとの話です（大下英治『武部勤の熱き開拓魂』徳間書店、２００５年、p.76、p.129、pp.137-138）。

選挙のたびに警察が政治家と取引をして手心を加えるという話はよく聞きますが、クリーンを売りにする三木が、その後十年にわたる「阿波戦争」を繰り広げることになる後藤田相手にこんなことをしていたというのが意外です。

ところが、後藤田は徳島地方選挙区での出馬に拘《こだわ》りました。この選挙区の定数は一、現職で三木派の城代家老と目された久次米《くじめ》健太郎がいるのに、強引に割り込んできました。徳島の反三木派の地方議員を糾合し、自民党徳島県連の投票に持ち込まれました。結果、後藤田が自民党公認となります。

これに三木は激怒し、田中に「君はどうしてそんな無理をするのか。考えようによっては、徳島へ殴り込むみたいなものじゃないか」と迫りました（『信なくば立たず』p.225）。「土足で踏み込むのは許せない」と激怒しました（三木睦子『三木と歩いた半世紀』東京新聞出版局、１９９３年、pp.124-126）。三木派は「目ん玉の中に手を突っ込んでかき混ぜてきた」と、いきり立ちます。

この時の選挙のすさまじさは、いまだに徳島県民の語り草です。三木睦子は、後藤田派の買収の実態と山口組が応援し、三木派を恫喝して回った話を詳細に書き遺しています（『信なくば立たず』pp.226-232）。

徳島政界の関係者に現金をばら撒かれた。「ワイシャツ、ネクタイ、クツ下」の三点セットが届いた。三木派の山本潤三徳島市長を応援演説させない偽の招集で東京まで呼び出して、帰ろうとしたところに切符を届けに行ったら消息不明になっていた。実はその時、関西の暴力団に脅されていた。普段は徳島ナンバーの車しか走っていないような場所に、兵庫ナンバーの車がものすごいスピードで走っている。出てきた人にすごまれたという事件が続発した。田圃《たんぼ》のあぜ道を歩いていると、黒いシャツに黒いネクタイ、黒い洋服の人がぬっと立ち上がったりする。当時の有名人の明治大学野球部監督の島岡吉郎《きちろう》が徳島に来てタクシーに乗って「三木さんが心配で見に来ました」と言った瞬間、後藤田事務所に連れて行かれた。などなど。

三木睦子は、山口組の田岡一雄組長の名を出し、この時の選挙での後藤田のやりかたを批判しています。

警察庁長官が立候補したら、日本最大の暴力団が選挙の手伝いをしていたという、どこの後進国の話かと思いますが、これが田中金権選挙の実態でした。

こんなことをやる田中に、日本国民はあきれはじめていました。

三木は派閥をあげて、無所属候補となった久次米を応援します。公認候補が居るので無所属候補を応援するのは党則違反です。しかし、自民党の党則などあって無きがごとし。三木は、「久次米を何が何でも勝たせて、その事実でもって田中君に抗議する」と宣言します。

久次米は農協の人脈を中心に固めて対抗し、勝利しました。

自民党全体も記録的な大敗を喫し、参議院は過半数を一つ上回るだけの伯仲国会となります。

三木は〝戦機〟を確信します。

第9章　田中角栄を葬った手口

三度目の辞表

戦後最強の政治家。田中角栄を褒め称える風潮が甚だしいですが、その内閣の実態は意外と弱体である話は既に何度もしました。徳島代理戦争で見た如く、田中本人の手法に強引さは目立ちますが、失敗、敗北することも多々あります。参議院選挙で自民党が大きく議席を減らし過半数スレスレの状態に追い込まれましたが、田中は何の反省も見せません。

三木は冷静に形勢を俯瞰《ふかん》した上で、副総理・環境庁長官の辞表を叩きつけました。岸信介、佐藤栄作に続き、三木が現職総理に大臣の辞表を叩きつけるのは三度目です。

普通、政治家は自分を大臣にしてくれた総理大臣に対して感謝の念はあれ、辞表を叩きつけたりはしません。また、人情として、一緒に仕事をした仲間としての連帯意識を持つものです。ところが三木には、そういう情が通じません。

帝国憲法の時代、岸信介国務大臣が時の東条英機内閣に対し辞表提出を拒否したことで閣内不一致に陥り、総辞職に追い込んだ事例があります。戦後、この行動がアメリカに評価され、岸はその後ろ盾で短期間に総理大臣の地位に登りつめます。それは結果論であって、岸には重臣（歴代の総理経験者たち）の後ろ盾があったから、総理に造反ができたのです。

では、何の後ろ盾もない大臣が総理に逆らったら、どうなるか。古くは、伊藤博文に逆らい内閣を瓦解に追い込んだ渡辺国武蔵相は政治生命を失いました。そんな人物を大臣にしたら、危なっかしくて仕方がないからです。有名な例では、近衛文麿とことごとく対立した松岡洋右《ようすけ》外相は内閣から放逐された後、二度と返り咲くことはありませんでした。

時の首相に逆らった「前科」がある政治家は使いにくい、というのは自民党政治でも同じです。時の首相に喧嘩を売って政権を奪取した政治家は五人います。佐藤栄作の引退に乗じて派閥を旗揚げした田中角栄、田中金権政治批判の三木武夫、後でお話しする挙党協による三木おろしの福田赳夫、田中軍団の応援を受けて福田総理を引き摺《ず》りおろした大平正芳、そして平成の小泉純一郎です。

田中、福田、大平は総理に喧嘩を売った直後に政権を奪取、小泉は宮沢喜一内閣で郵政大臣の辞表を叩きつけて八年後の政権奪取です。小泉を歴代総理は使いたがらず、苦労しました。

三木は、岸内閣で大臣の辞表を叩きつけてから約十六年、田中から政権を奪取することになっていきます。自民党第四派閥を率いるにすぎない三木にどんな成算があったでしょうか。

正直、よくわかりません。「田中についていって展望があるかと言えばない。ならば、他の方法で展望を開く」と考えたのでしょう。それしか方法が無ければそれをやるしかない、というのは政治に限らず、よくある話ですから。

三木は辞表を持って総理官邸に乗り込んでいき、ニッコリ笑って、一言の悪口も言わずに、爽やかに「政治改革に専念したいので辞めさせて頂きます」と告げます。田中も「閣僚のままでも出来るのではないですか?」と形ばかりの慰留をしますが、「いやいや、党に戻って政府から離れて専念したいのです」と、三木はニコニコと笑いながら返す。お互い、つい数日前まで殺し合いをやっていたのに、礼儀正しく別れます。何の恨みも残さない形式を演出します。と思いきや、最後に三木が振り返って一言、「徳島みたいな無茶は困るよ」と釘を刺し、田中が「いやいや、あれはやり過ぎた」と扇子でペンと頭を叩いて誤魔化す。定跡というか、伝統芸能というか、ある種の様式美です。

ここで完全に決裂するわけでもありません。大義名分は党近代化であって、田中への個人攻撃ではありません。

この時、側近の親衛隊長格の新聞記者だった産経新聞の岡沢昭夫政治部長を呼びつけて、「僕は角さんの政策の事は言ったけど人格攻撃、悪口は一切言ってないからな」と、因果を含めさせました（『田中角栄とその弟子たち』pp.37-39）。岡沢は田中番です。

徳島代理戦争でも、三木派の中で石田博英だけは後藤田を応援しています。党の公認候補を同じ党の人間として応援するという建て前です。派を挙げて久次米を勝たせた派の他の面々からしたら石田は裏切り者に見えますが、石田は常に三木が田中と本気で抗争する時に、一つだけ残すチャンネルのような役割を果たします。後年のハプニング解散でも、三木派が総出で不信任案に同調する時に、ひとり議場に残って否決に回っています。

田中の「た」の字も出さず

反主流派の旗幟を鮮明にする三木に、福田赳夫蔵相も同調します。田中の日本列島改造計画は完全に失敗し、石油ショックと合わせて狂乱物価の様相を呈していました。万策尽きた田中は、宿敵の福田に頭を下げ、蔵相就任を依頼していました。福田の条件は「列島改造をやめろ」でしたが、田中は受け容れました（塩田潮《うしお》『百兆円の背信』講談社文庫、1988年、pp.67-73)。田中にとって屈辱の瞬間です。角福戦争は田中の全戦全勝に近いのですが、唯一の敗北がこの時と言われています。

福田の蔵相就任を仲介したのが、佐藤派なきあとは福田派で大幹部となった保利茂です。保利は田中とともに、五奉行と言われた佐藤派大幹部の双璧でした。保利の目論見《もくろみ》は、経済政策の失敗で窮地に陥った田中内閣を救い、次期政権を福田に禅譲させる道を開くことでした。

しかし、ここで福田は田中への敵愾心《てきがいしん》をむき出しにします。理由は何でしょうか。一つは、この時を福田が戦機と捉えたこと。十三歳年下で、学歴も何も無い下品な男の風下に立たされる。しかも、醜い金のばら撒きで多数派を作って権力をかっさらっていった。人間の感情として、これを良しとする方が不自然でしょう。

また、この時の田中は、福田の身内である大蔵省にも手をかけていました。相沢英之事務次官の後任に、「私兵」の高木文雄を据えました。福田直系の橋口収主計局長は、突如として新設の国土庁事務次官に回されます。これを相沢は、「高木君は根っからの予算屋育ちで、橋口君は金融、現財の育ちであったから、主計畑が次官になるという実質的な流れは変らなかったのではないか」と書いています(相沢英之公式サイト　地声寸言『読み過ぎ』)。かなり強引な解釈にすぎるでしょう。橋口は、鳩山・相沢・高木の「私兵」たちに対し、ことごとく楯突いてきました。さらに、田中は主計局を大蔵省から取り上げ、内閣予算局創設まで考慮し始めています（『大蔵官僚』p.226）。もし、力の源泉である主計局を取り上げられたら、本当に大蔵省の権威は失墜したでしょう。角福戦争の隠れた舞台は、大蔵省でもありました。

政官界のしがらみと感情が絡み合う中、福田は決心します。福田は「男の意地だ。言いたいことを言って辞める」と激発し、保利が「せめて、何も言わずに辞表を出してくれ」と哀願し、自分は調整失敗の責任を取り行政管理庁長官の辞表を提出します（毎日新聞政治部『政変』角川文庫、１９８６年、p.94、福田赳夫『回顧九十年』岩波書店、１９９５年、pp.216-217）。

田中は、参議院選挙敗北から約一週間で、三人の閣僚を失いました。三木副総理の後任は置かず兼務していた環境庁長官は三木派の毛利松平、保利の後任は福田派の細田吉蔵、福田後任の蔵相は大平正芳外相の横滑りです。

この時、三木派が閣僚総引き揚げで喧嘩を売ってくることを田中派は恐れていたようですが、三木はしませんでした。橋本登美三郎などは「勝った、勝った」とはしゃいでいたような有り様でした。評論家の立花隆は、三閣僚辞任は痛手ではなく、田中内閣は盤石であり強大であったと評しています（立花隆『田中角栄研究　上』講談社、

1976年、pp.86-89)。立花としては、「強大な田中内閣を、自分がペンの力で倒した」と言いたいのはわかりますが、果たしてどれほどのものだったか。

閣僚辞任直後の三木と福田は握手して、政治改革を訴えます。二人は全国行脚して訴えていくのですが、やり方は真逆です。

三木は、「党近代化」「政治の浄化」を訴え、田中の「た」の字も出しません。福田は、徹底的に田中個人の悪口を言ってまわりました。田中の恨みがどちらに向くかは必定でしょう。

大平と大蔵省

三木は田中の力には陰りが見え、自分が手を汚さなくても程なくして引き摺り下ろされるだろうと読んでいた節があります。現に、三木・福田派が反主流派に回り、田中内閣を支える主流派として大平派と中曽根派の比重が高まりました。結果、その後の政権運営で、田中は大平と中曽根の同意なくして何もできなくなります。先に述べた、大蔵次官人事をめぐる深刻な暗闘もあります。大蔵省と縁遠かった三木がどこまで気づいていたかわかりませんが、田中の目に余る人事介入に対し、大蔵省は組織防衛を図っていました。

大蔵省の本流は、スーパーエリートの福田赳夫とそれに連なる人たちです。歴代事務次官でも佐藤一郎（当時、参議院議員）、澄田智（日本輸出入銀行総裁、後に日銀総裁）らの系譜を、橋口収が受け継いでいました。大蔵省にはもう一つ、池田勇人系があります。森永貞一郎（元東証理事長）、石野信一（当時、太陽神戸銀行頭取）、谷村裕（当時、東証理事長）らです（大下英治『小説田中軍団　上』角川文庫、1987年、p.285）。大蔵事務次官の天下り先は、日銀総裁か東証理事長が「ロイヤルロード」と言われています。また、OBたちの中でも石野を従えて「森石会」を結成していた森永が、大蔵省の「ドン中のドン」と目されていました。この系譜を受け継ぐのが大平です。

親中への傾斜、総裁選での同一行動など、「大角連合」は一体で、むしろ大平は田中の〝金魚の糞〟のような評価をされることが多いのですが、少なくとも田中内閣の時代の大平は決して弱くありません。大平は、一橋大学出身で、東大法学部出身者が勢ぞろいする大蔵省で京大卒の池田勇人の系譜であり、決して本流ではありません。しかし、田中がやりたい放題やり、本流の福田が頼りにならない状況で、「森石会」は明らかに大平に接近しています。

話を先取りしますが、次の三木内閣が成立した約一週間後の昭和四十九年十二月十七日、大平は森永を日銀総裁に押し込んでいます。歴代大蔵次官で、ロイヤルロードを二つとも歩んだ唯一の人物になります。これには田中内閣から三木内閣に留任した大平蔵相の強い意志が働いています（『自民党戦国史 上』p.157）。森永の仕事ぶりは、「下げの森永」と言われるほど公定歩合の利下げを連発して、石油ショックと狂乱物価を抑え込みました。大平内閣時代の第二次石油ショックも、森永の見事な初動対処で深刻化しませんでした。名総裁と言われます。森永以後、昭和時代は大蔵事務次官OBと日銀プロパーが交代で総裁に就く「たすき掛け人事」が行われ、大蔵省としても日銀の〝植民地化〟に成功しました。

こうした森永以下大蔵省の利益代表としての大平を、後年のイメージでのみ語るべきではないでしょう。総理時代の大平は田中派の支えが無ければ政権を維持できませんでしたが、田中内閣も大平派の支えが無ければ安定しない状況であったのも、また確かです。

徳島代理戦争から一ヵ月後の昭和四十九年八月、アメリカでは折からのウォーターゲート事件でニクソン大統領が辞任に追い込まれていました。大統領選挙中にニクソン陣営が敵対陣営を盗聴したのではないか、という疑惑でした。「正直」で知られたフォード副大統領が昇格しました。強面《こわもて》で腐敗したニクソンから「正直」が売りのフォードに交代したように、自分のクリーンイメージを重ね合わせていてもおかしくありません。このころ、ロッキード社が現職総理である田中に近づいていましたし。ロッキードに限らず、田中の周辺には常にきな臭い動きがありました。

三木は日本のエスタブリッシュメントの人たちを攻撃しながら政界を生き抜いてきました。徹底的に攻撃しながらも、土壇場で妥協する、の繰り返しです。そして、周辺居住者であり続けました。絶対に円の中心に入っていかないが、円から飛び出る一歩ギリギリで踏み留まる。だから、最終的に排除されない。それに対して田中は、土足で中心に踏み込もうとし、一時的に座るけれども、最終的には徹底的に叩き潰され排除される。

田中内閣の終焉

こうした田中の体質に諫言《かんげん》をした人物もいました。

麓《ふもと》邦明という、知る人ぞ知る秘書です。有名な早坂茂三が表に出る人とすれば、本物の裏方です。麓と早坂は、佐藤昭と、唯一の金主だった小佐野賢治国際興業社長の二人を切らないと命取りになると進言しました。田中にそれは出来ないと断られたので麓は辞めたということです（早坂茂三『駕籠に乗る人担ぐ人』集英社文庫、１９９４

年、pp.115-124)。田中は、麓、早坂、佐藤昭、榎本敏夫の四人に入閣の際の秘書官を決めさせる程の信頼関係でした。麓は元共同通信記者で田中の秘書を丸四年以上務めました。麓の実力は政界でも知られており、保利茂が自分の秘書にしようとするが、佐藤の秘書官だった楠田實に止められているという話があります(楠田實『楠田實日記：佐藤栄作総理首席秘書官の二〇〇〇日』中央公論新社、2001年、pp.617-618、p.646)。麓が病気になった時、真っ先に田中がお見舞いに行って、一方ならぬ世話をしたという話です。

おそらく、田中は言われてわかっていても、佐藤昭と小佐野賢治を切れなかったのでしょう。政権獲得までに、無理をしすぎていたということです。

田中内閣の終焉《しゅうえん》は、意外に早くやってきました。

十月九日、『文藝春秋』誌に、田中の金脈と愛人スキャンダルが掲載されました。立花隆「田中角栄研究 その金脈と人脈」と、児玉隆也の「淋しき越山会の女王」です。立花は公開情報に基づいて田中の錬金術を、児玉は角栄の愛人にして金庫番の佐藤昭のことを書きたてました。いずれも政界では常識として知られていたことでしたが、一般には衝撃を与えました。田中本人は、錬金術は開き直り、佐藤昭の方を気にしていました。しかし、世間が攻撃したのは金脈の方でした。立花の記事を要約すれば、「総理大臣が土地転がしの常習犯だった」ということですが、二年前に「今太閤」ともてはやした世論は、田中の敵にまわりました。

戸川猪佐武によると、こうした形勢を観望した三木が、「党人は権力に固執しないから」とつぶやいたそうです（『小説吉田学校』）。三木が、「この混乱を収拾できるのは自分しかいない」という、自信を抱いていたのは確かです（『信なくば立たず』p.237）。

スキャンダルが出てから「田中内閣はいずれ潰れる」というのは、誰でもわかる話です。大事なのは、その三ヵ月前に辞表を叩きつけた瞬間からの「読み」、それに裏付けられた「勘」です。

ちょうど外交日程で、フォード大統領来日があります。安保改正の時に、アイゼンハワー大統領招聘《しょうへい》に失敗して以来、現職大統領初の訪日です。ここでなんと、田中が奇策に出て、内閣改造をします。大統領訪日を花道に辞めるのかと誰もが思う中、「退陣を誤魔化す為の内閣改造」です（『自民党戦国史　上』pp.144-145）。

この改造で、田中は椎名悦三郎自民党副総裁を副総理に迎えようとします。退陣後の暫定総理の含みです。椎名暫定で凌ぎ、スキャンダルの嵐がすぎれば復帰しようと目論んだのです。ところが、この組閣では大平と中曽根に小突き回され、椎名副総理など当然のごとく二人に拒否され、何もできませんでした。

結局、この改造内閣は二十九日の短命に終わりました。田中は顔面神経痛に悩まされ、退陣表明を竹下登官房長官に代読させざるをえないという、惨めな退陣に追い込まれました。

金脈政変です。

この様子を三木は「田中君はやれるところまではやってやる、などと考えていない」と観察していたようです（『政変』p.236）。完全に見切っています。

行司役がまわしを締めだした

刀折れ、矢尽きて退陣した田中の後継をめぐり、三角大福の内、残り三人が名乗りを挙げました。中曽根康弘は、幹事長ねらいです。

本命は、「大角連合」を組む大平正芳です。大平は、田中政権を作り、支えたのは自分だとの態度で自信満々です。数の上から言えば、選挙になれば大平が総裁選に勝つでしょう。田中としても、まさか福田に入れるわけにはいかないので大平に入れるしか選択肢がない。で、もう大平は調子に乗っていました。だから、国会答弁でも金脈問題は「角さんが個人的に処理すればいい」みたいな突き放したことを言い、田中派の反感を買ったほどです。

これに対し、対抗は福田赳夫です。選挙になれば勝てない福田は、「総裁が任期途中で退陣する時は、石橋から岸、池田から佐藤の時も、前回の総裁選挙で二位の者を話し合いで選んだ」という理屈を言いだします。その二例は病気退陣ですし、何より総裁選直後に退陣だから二位の者を選んだのです。あまりにも牽強付会《けんきょうふかい》な理屈でした。しかし、選挙で押し切ろうとする大平と、話し合いに持ち込もうとする福田がにらみ合いの形勢になります。

第三の候補の三木は、どうしたか。

当然、選挙には反対です。自分に不利だからです。自民党総裁選挙は一度として二回連続同じルールで選挙をやったことがありません。むしろ、ルールは自分で決めるものなのです。選挙をやるかどうかも、駆け引きの対象なのです。三木は深謀遠慮を抱きつつ、大勢を話し合いに誘導していきます。

一人、選挙による決着を主張する大平は、自然と孤立していきました。

調整役の椎名副総裁が暫定政権をほのめかすと、即座に「行司役がまわしを締めだした」などと記者にリークし、潰そうとします。大平は大角連合の力を背景に椎名を蹴散らしたつもりでしょうが、椎名の大平への反感が醸成されます。大平は自ら流れを引き離したようなものです。

肝心の田中派が、金脈政変以来の冷淡さとその後の大平の態度に白けきり、応援に熱が入っていませんでした。後に「闇将軍」として権力を握っていく田中の強さは、「他人の戦こそ、自分の戦と同じように必死で戦う」ですが、この時は普通の政治家と同じく〝他人事〟です。それどころか、手伝い戦の構えすら見せていません。そもそも、田中派が大平を応援して後継総理総裁にできる力があるのなら、椎名暫定などというややこしい手段を考慮する必要はないのです。大平への反発も党内の半分はあり、もし強行突破したら自民党の半分を反主流派に回して政権運営がうまくいかないのではないかとの懸念があった情勢なのです。

中曽根などは、自分が一番若造のクセに行司役として「仕切ります」みたいな、「調整役に回ります」みたいな勝手な事を言い出します。口上は「副総裁に全面協力します」です（『われは傍流にあらず』p.228）。

流れは、話し合いです。椎名副総裁を調整役として、三福大中の話し合いが頻繁に持たれます。

元祖「自民党をぶっ壊してやる」

さらに三木は手を打ちます。自民党を脱党する構えを見せたのです。

三年前、三木は共産党と手を組んでまで、佐藤栄作が推す重宗雄三参議院議長を引き摺り下ろし、河野謙三を擁立した〝前科〟があります。三木ならやりかねない。自民党の大半は本気にはしなかったでしょうが、調整役の椎名副総裁が考慮しなかったはずがありません。

事実、三木は動いていました。

野党の中で民社党は、自民党の分裂に備えて動いていました。公明党が田中角栄との関係が深いのに対し、民社党の春日一幸《いっこう》委員長は福田赳夫と連携しています。また、春日は、状況によっては河野謙三の擁立も可能だと思っていました（畠山武『派閥の内幕』立風書房、1975年、pp.51-52）。しかし、この時は佐々木良作副委員長が、「三木新党」があると考え、密会していました。十一月二十六日、佐々木は三木邸を訪ね、「保革連合政権」について打ち明けられています（藤田義郎『椎名裁定：現場にみた椎名・三木の「信頼」から「破局」まで』サンケイ出版、1979年、p.71）。この動きを側近の新聞記者の藤田が記しているのですから、当然に椎名の耳には入っています。

福田赳夫相手にはもっと露骨に恫喝しました。「もしこのまま行って大平君が総裁になるようなら自分は自民党を割って出る」「三木派四十人中十五から二十人は絶対についてくる。それで自民党終わりだ。君はどうする?」と言い放ちます(『天地有情』pp.293-294)。

つまり、「自分を総裁にしなかったら、自民党そのものをブッ潰すぞ」という意味です。麻雀をやっている時に、「自分に勝たせるアガリ牌を出さなかったら卓をひっくり返すぞ」と言うようなものです。

福田がどこまで事の重大さを理解できていたか不明ですが、少なくとも主導権は三木にあります。仮に大平総裁だろうが、福田総裁だろうが、三木は自分以外が総裁になれば即座に脱党、自民党政権を終わらせる気満々なのですから。

ルールが自分に不利ならば、そのルールそのものを潰す。

三木はあらゆる手管を尽くし、考えられる限りの根回しをして待ちます。

昭和四十九年十二月一日、椎名悦三郎副総裁は四人の総裁候補者を自民党本部に集め、裁定文を読み上げます。

第10章　三木内閣の危険な政治

三木自ら書いた「椎名裁定」

時計の針を巻き戻して前日、総裁候補者四人による何度目かの協議を終えた椎名悦三郎は、「もう一晩考えさせてほしい」と引き取りました。

この夜、「椎名の本命は三木ではないか」という噂が駆け巡ります。

田中角栄失脚後の二大実力者である大平正芳と福田赳夫ががっぷり四つに組んで譲らない。どちらが総裁になっても負けた方が反主流派に回る形勢です。辞め際の田中内閣の支持率は十%。その後四十年、何度言われたことかわからないフレーズですが、「結党以来の危機」の最初です。

こうした際、三木が野党と会い、自民党を潰しかねない動きをしているのは椎名の耳にも入っています。

あらゆる情勢を分析すると、自民党を守るための決断は一つです。椎名は三木に意を伝えます。

三木は「藤田君、その裁定文は後世に残る天下の名文にしなければならん。ボクが書く。徹夜してでもボクが書く」などと、草案を自ら書き始めます。結局、藤田がかなりの部分を手伝いましたが。

椎名は三木の草案をそのまま受け取りましたが、一文字だけ削りました。「政界の最長老」とあったのを、「最」の一文字だけを撥《は》ねたのです。藤田義郎は、「椎名はそれをたんねんに読みかえしていたが〝ちょっと赤エンピツ〟を——。原稿のおしまいの方を〝ピン〟とはねた。『政界最長老』の〝最〟の字を削ったのである。私の原稿は最後に『私（椎名）は新総裁にはこの際、政界の最長老である三木武夫君が最も適任であると確信し、ここにご推挙申し上げます』と結んであった。その〝最〟の字を椎名は消したのだ」（『われは傍流にあらず』p.249）と記しています。

三木が若手代議士だったころに、既に商工次官として政界に勢力をふるっていた椎名としては、「代議士としては三木の方が最古参かもしれないが、自分の方が年長であり格上だ」という心境だったのでしょう。

それはともかく、椎名は政界全体に広がるように、噂を広めていきます。ただし、最も反対しそうな大平だけは情報過疎地帯に置かれます。ある者は椎名の意図を察知し、またある者は半信半疑で真相を測りかねる。裁定前夜、情報が飛び交うことで、ある種の地ならしができていきます。

十二月一日、自民党本部で椎名は四人の候補を前に、突如として裁定文を読み始めます。

私は国家、国民のために神に祈るような気持ちで考え抜きました。新総裁は清廉なることはもちろん、党の体質改善、近代化に取り組む人でなければなりません。国民はわが党が派閥抗争をやめ、近代政党への脱皮について研鑽と努力をおこたらざる情熱を持つ人を待望していると確信します。このような認識から、私は新総裁には、この際、政界の長老である三木武夫君が最も適任であると確信し、ここに御推挙申し上げます。

中曽根は来るべきものが来たという態度、福田は「政権が大平に渡るよりはマシ」とあきらめの心境というところです。二人は即座に協力を約束しました。隣室で蚊帳の外に置かれていた三役は、「副総裁が勝手に裁定文を読み上げているぞ」と異変に気づきますが、後の祭りです。

大平は「ムラに帰って相談する」などと派閥事務所に引き揚げ、目白の田中邸に馳せ参じます。椎名の裁定を受け入れるかどうか、盟友の田中と相談しようとしたのです。ところが、田中はゴルフに出かけて留守でした。待っている間、大平は徐々に頭が冷めていきました。

恐怖をばら撒く政治家

現に、椎名の裁定が下ってからは、枯れ木がバタバタと倒れるように党内は三木後継一色になります。前夜までの暗闘が嘘のようです。

自民党は両院議員総会で椎名裁定を受け容れ、全会一致で三木総裁を決定します。十二月九日の首班指名を経て、三木は悲願の総理大臣の座に就任します。マッカーサーの命令を拒否してから実に二十六年。茨の道を経ての政権奪取でした。総裁選挙こそ戦っていませんが、三木はあらゆる権謀術数を尽くし、総理の椅子を勝ち取りました。

「自民党をぶっ潰すぞ」

といった露骨な表現こそ使いませんが、三木のやったことは、恫喝そのものです。三木派四十人が脱党すれば過半数割れ、金権政治で世論の指弾を浴びる自民党は党そのものが壊滅するのではないか。共産党とでも手を組む三木ならばやりかねない。田中角栄が金をばら撒くアメの政治家なら、三木は恐怖をばら撒くムチの政治家でした。たとえ少数派であっても三木をないがしろにすると何をされるかわからない。自民党が総裁に三木を選んだ本質は、弱者の恫喝にありました。

他派の世代交代を促す人事

しかし、ライバルが軒並み病没した佐藤を除く、石橋・岸・池田・田中に共通した自民党総裁の悩みがあります。派閥のバランスです。大派閥の領袖すら苦労したのですから、第四派閥を率いるに過ぎない三木はなおさらです。

まず、副総裁の椎名は留任。さらに、三役の総務会長に無派閥の灘尾弘吉、衆議院議長に前尾繁三郎と、椎名と「三賢人会」を組む二人に要職を与えます。ちなみに三木は、総裁にしてもらったお礼に椎名のところへ高価な浮世絵を持っていきました(『記録椎名悦三郎　下』椎名悦三郎追悼録刊行会、1982年、p.296、『椎名裁定:現場にみた椎名・三木の「信頼」から「破局」まで』pp.133-137)。

主流派は、幹事長に中曽根康弘、政調会長には福田派の松野頼三を据えました。この時、三木は田中派長老の西村英一を三役に望みましたが、本人の固辞で実現しませんでした。

福田本人には、副総理・経済企画庁長官で処遇します。この時、「経済政策全部貴方に任せます」と全権委任し、その通り実行しました(『回顧九十年』p.219)。

もう一人の実力者、大平正芳には田中前内閣からの蔵相留任を要請します。もし受けなければ、側近の河本敏夫を据えるつもりでした（『百兆円の背信』p.92）。

この時の大平が、森永貞一郎を日銀総裁に据える人事に並々ならぬ覚悟をしていたことは既に述べました。石油ショックの収拾のみならず、自身の蔵相留任には大蔵省の組織防衛の意味もあります。昭和時代を通じて、大蔵省は、「保守傍流」と見下している三木や中曽根の派閥から大臣を受け容れませんでした。もしこの時、大平が留任を拒否していたらどうなったか。官僚が最も恐れるのは政治家の介入です。つい最近まで、田中角栄の人事介入に苦しめられ、あまつさえ大蔵省の命である予算編成権を持つ主計局を取り上げる「内閣予算局」構想などまで行われようとしたのです。大平に受けない選択肢はありませんでした。

河本は通産大臣に回ります。内閣の番頭役の官房長官は国民協同党結成以来三木派に属している井出一太郎、後継者と考えていた海部俊樹は副長官に回しました。

もう一つの主要閣僚である外相には、ニューリーダー筆頭の宮沢喜一を据えます。派閥の領袖の大平は難色を示し、「大平派の枠とは別で」という条件で採りました。

三木は閣内に福田と大平というライバルを抱えていますから、その下の世代であるニューリーダーを積極的に登用し、下から突き上げようとしたのです。

福田派の安倍晋太郎も、農相で入閣させました。晋太郎の父の寛とは同期当選で、大政翼賛会と戦った仲なので厚誼に報いたと言われました。

田中派の金丸信も、国土庁長官で入閣です。金丸の悲願は、盟友の竹下登の政権を樹立することです。

三木は、田中派のニューリーダーである竹下にも一本釣りを仕掛けます。その工作員となったのが、官房副長官の海部俊樹です。

最初、三木は田中派の仮谷忠男を建設大臣にしていました。その仮谷が昭和五十一年正月に急死した際、三木は派閥の領袖である田中角栄に断らずに竹下を後任に据えました。早稲田大学の後輩である海部を通じ、竹下が三木に売り込んだ格好でした。この時、激怒した田中は「雑巾がけからやり直しだ」と竹下の頰をスリッパで叩いたとの話が有名です（『田中角栄VS福田赳夫』p.252）。

ちなみに海部は、竹下に命令されて恩人の河本を裏切って総裁選に出馬したとか、その後の政権運営は竹下や金丸におんぶに抱っこで操り人形そのものだったとか、金丸に脅されたくらいで怯えて政権を放り出すというみっともない辞め際で恥を曝《さら》したとか、自民党脱党以降の迷走ぶりが哀れを誘うとか、後の姿で評価したくなるので見えにくいですが、三木内閣での二年間だけは輝いていました。海部は本質的に国対族で、他派閥や野党との交渉力で出世した人です。後のみっともない操り人形の姿で、それ以前の姿を投影すると歴史が見えなくなります。

特に、社会党の支持母体である公労協（公共企業体等労働組合協議会）が「公務員のスト権を寄越せ」と「スト権スト」を起こした時は大活躍しました。海部は公労協の富塚三夫とテレビ討論を行い、その主張を完全に論破しました。早稲田大学雄弁会時代、「海部の前に海部なく、海部の後に海部なし」と言われた雄弁家の絶頂でした。海部は二年間、実質的な切り盛りに走り回ります。

正しい喧嘩の売り方

閣議初日、三木はいきなり「三木内閣五原則」をぶち上げます。これは、政官財のトライアングル、エスタブリッシュメント全体に喧嘩を売る内容でした。

政治資金規正法改正、公職選挙法改正、自民党総裁選改革の強化の政治改革、独占禁止法改正、ライフサイクルプラン（生涯福祉計画）です。すべて自前のシンクタンクの中央政策研究所で、ブレーンの学者や財界人と温めていた政策です（『実録三木武夫』pp.193-204）。

政治改革は自民党に、独禁法は財界に、ライフサイクルプランは官界に喧嘩を売る内容です。自民党の多数は三木の事を一時しのぎの暫定政権としか思っていませんから、本気で政治改革などに切り込まれたら困ります。独禁法は、財界の聖域と言われた法律でした。三木は「社会的不公正の是正」などを掲げました。三木は日本を社会主義にする気か？　と誤解されても仕方ありません。ライフサイクルプランは、巨額の福祉予算を前提とします（「三木内閣の生涯設計〈ライフサイクル〉計画」『三木武夫研究』）。前任の田中内閣がインフレ時のインフレ政策で景気を悪化させ、「福祉元年」を気取っていました。三木は輪をかけようとしているとしか思えませんから、健全財政への回帰を目指す大蔵省と真っ向から激突します。

何より、自民党の部会にも、霞が関の官僚にも何の根回しもせずに、総理大臣が閣議で一時間半も演説し、トップダウンで下ろしました（大下英治『自民党の若き獅子たち』角川文庫、１９８８年、pp.349-351）。政官界は大混乱になり、海部官房副長官が対応に追われることになります。

大蔵省の怨念

では、目玉政策はどうなったでしょうか。

全体的には、あまり成果が出ません。むしろ、悪化させたと言った方が、よいでしょうか。

肝は政治資金規正法です。これによって厳しくなったので、みんなザルを探すようになりました。三木の頭の中には、アメリカのようにパーティーをやって、一万円ぐらいの政治献金を個人が出して、有権者が政治家を支えるという絵を描いていたようです。けれども、これによって政治資金集めパーティーが盛んになって、結局宗教団体のような金と票を持っている人たちが強くなる。業界団体も、宗教団体に次いで強くなるという結果になっていきました。また財界の自民党への影響力を遮断する目的の企業献金全廃は実現しませんでした。

公職選挙法の改正は、中途半端に終わります。現在の公選法は曖昧模糊《あいまいもこ》として、どこからどこまでが合法で、どこからが違法なのかが不明瞭です。やたらと制限が多くなったのが特徴です。

配るビラの枚数制限などは公明党と共産党を敵に回しました。一方で、椎名裁定以来の関係で民社党とは良好で、社会党とも比較的友好関係です。三木内閣は野党と世論の方向ばかりを向いて自民党をないがしろにしたとの批判がありましたが、基軸は民社党との関係です。

また、参議院では、重宗おろしで自らが議長に据えた河野謙三の存在が大きく左右しました。政治資金規正法の改正案は、伯仲国会の参議院で可否同数になりました。

当時、賛否同数の時は、議長は否のほうに入れるのが憲法解釈として正しいとされていました。しかし、河野は賛成のほうに入れました。その瞬間、三木内閣は潰れずにすみました。四年前の布石がここで利いています。

ただ、独禁法の改正案は参議院では審議未了の廃案になりました。

また、大蔵省が望んだ、酒・たばこ値上げ法案は廃案になります。蔵相の大平は議長の河野に国会会期延長を求めましたが、「たかがゼニカネの問題で議会政治の筋を曲げられるか」と断られます。政治家が大蔵省の頼みを「たかがゼニカネ」と切って捨てるなど今では考えられませんが、当時はそういう時代だったのです。

また、三木は政治改革法案の成立で「天は我を見捨てなかった」と自画自賛しました。大平が打倒三木に燃える理由になります。

そもそもですが、大蔵省と三木の関係は良好ではありません。

昭和五十年正月、恒例の伊勢参拝を済ませた三木は、私邸に高木文雄次官を呼びつけます。そこで、田中内閣の「福祉元年」にあたる目玉予算をつけろと要求します。田中の放漫財政を脱したと思いきやの不意打ちなので、大蔵省は警戒心を強めます。そしてこの年の酒・たばこ値上げ法案の廃案で、今に続く赤字国債の発行に追い込まれました。

大蔵省で「健全財政」は〝宗教〟のようなものです。歳出が歳入を超えてはいけない、要するに借金をしてはいけない、ということです。あまり経済学的な合理性とは関係のない話なのですが、本人たちがこだわっているのですからとやかく言っても仕方ありません。

三木内閣で歳入不足が確定し、特例公債（通称、赤字国債）を発行することになります。大蔵省には三木に対する怨念が生まれ、それが大平を中心に消費税導入を至上命令とする、〝増税原理主義〟へとつながっていきます。

ちなみにライフサイクルプランは、政争が激しくなる中で法案として提出するに至らず終わりました。

親米親台親韓政策

対外政策では、さらに〝バルカン政治家〟ぶりを発揮しました。

資本主義体制の維持と日米安保堅持を旨とする自民党で（逆に言えば、それ以外に政党としての理念も結集原理もない）、三木は「等距離外交」を打ち出します。アメリカからしたら、自分一辺倒から自分の敵へも羽を伸ばすということですから、ある種の敵対政策です。

ところが、結果は思わぬ方向に向かいました。

三木は、アメリカがソ連への対抗から、台湾ではなく北京に接近する状況に対応することを早くから主張していました。その問題意識から、角福戦争でも中国問題を争点にしました。しかし、北京ベッタリの田中角栄や大平正芳とは一線を画し、あくまで対米協調を軸とした親中でした。「等距離外交」は本気なのです。

だから、台湾切り捨てには反対します。この背景には、親台湾の椎名悦三郎との関係もあります。これは「一つの中国」を主張する北京を怒らせます。

また、ソ連に対しては、「覇権条項」で角逐します。覇権条項とは、田中と大平が結んできた日中共同声明の、「両国のいずれも、アジア・太平洋地域において覇権を求めるべきではなく、このような覇権を確立しようとする他のいかなる国あるいは集団による試みにも反対する」のことです。要するに、アジア太平洋で支配権を強めようとするソ連に対し、日中共同で対抗するとの内容でした。ソ連は、これの撤回を求めますが、三木は頑として拒否します。これではソ連はあくまで敵であり、接近はありません。

三木内閣ではベレンコ中尉亡命事件がありましたが、この時、ソ連の抗議を無視して、彼が乗ってきたミグ25戦闘機を解体、機体検査しています。もっともソ連の抗議の方が外交慣例を無視したダメ元であり、三木内閣のドタバタは目も当てられなかったのですが。結論だけ言えば、事件時の三木は政局に没頭しており、そんなことに関心が低かったということなのですが。とにもかくにも、ミグ25は軍事機密の塊なので、冷戦下で貴重な情報収集となりました。

朝鮮半島に対しても同じです。当時の韓国は朴正熙《パクチョンヒ》の軍事独裁政権で、朝日新聞を筆頭に日本のメディアは、韓国を「悪の帝国」呼ばわりしていました。三木も、野党（というより反体制活動家）の金大中《キムデジュン》と懇意でした。前任の田中内閣時代、東京で朴正熙の手の者による金大中拉致事件が起こり、宮沢外相は後処理に追われます。ところが三木は、金大中や北朝鮮の金日成と近しい宇都宮徳馬を派閥においている割には、冷戦状況の変化で韓国への接近を目論みます。それどころか政権末期に宮沢に代わった小坂善太郎外相は、次期大統領に当選が決まったカーターが朴正熙を敵視するのに反し、親韓姿勢に傾斜します。朴正熙が核武装を検討していた時期ですから、非核三原則は何なのかという話です。

かくして、親ソ親中親北に走るのではないかと思われた三木内閣は、稀に見る親米親台親韓政策になりました。中身は実にチャランポランな話なのですが。

実は防衛費増強のGNP一%枠

三木の思想を表すのに打って付けな出来事が、一九七五年第一回サミットのランブイエサミットです。三木は「我が国がこのような会議に参加できるのはベルサイユ会議以来だ」と大国意識丸出しで自画自賛します。三木にかかると、渋るフォード・アメリカ大統領に困り果てたフランス大統領のジスカールデスタンを、三木が助けたのでサミットが無事に開かれる話になります。妻睦子の回想録『信なくば立たず』のこの項の見出しは「三木を頼ったジスカールデスタン」です。さらにジスカールデスタンから「フォードを口説いてくれ」と頼まれたとのことです（『信なくば立たず』p.301）。そんな話、ジスカールデスタンが承知しているかどうか、知りませんが。

各国首脳が石油ショック後の経済対策で技術論をやりたがっている時に、三木は「南北問題やろう」とか「世界から貧困なくしましょう」とか言い出すので、「こいつは何を言い出すのか？」という扱いでした。アメリカのキッシンジャー国務長官は面と向かって「これなら、猿がキーボード叩いても百科事典が出来る」と吐き捨てます（『三木政権・747日』p.140）。北京の買弁《ばいべん》ごときに我が国の首相をとやかく言われたくありませんが、サミットの空気は伝わります。ある意味では、「アメリカの二票め」にならなかったのですが。三木の方は、「最近の政治家はテクノクラートばかりだね」と大所高所を見ない諸外国の首脳に嘆息するのですが。

要するに、三木を一言で言えば、「軍事抜きの帝国主義」「頭の中身は大日本帝国のまま」なのです。三木は自分をオールドリベラリストと位置付けています。戦前の系譜で言えば、西園寺公望《きんもち》・幣原《しではら》喜重郎・石橋湛山といった人たちです。彼らは今の日本国憲法で示されるような絶対的平和主義ではなく、大日本帝国あるいは帝国陸海軍が強すぎるから、軍縮による平和路線が必要なのだという頭なのです。

それを現代に持ち込んだら、どうなるか。三木は自衛隊を〝無敵帝国陸海軍〟のような精強な軍隊だと思い込んでいるのです。創設以来一度も定足数が足りたことが無く、西側諸国が軒並みGNP二％の防衛費をかけて国防努力をしている時代に佐藤内閣でGNP〇・五％に抑えられて強いはずがないのですが。

三木内閣は、防衛費GNP一％枠を決めた内閣です（現在はGDPで計算しているが、同じ）。

これは実は、防衛費を増やす話なのです。今と逆に当時はインフレ状況ですし、経済の適正状態は緩やかなインフレです。だから、防衛費をGNPの一％に決めておけば、インフレ傾向とともにGNPが伸びれば自然と防衛費が伸びるだろうという政策でした。これは防衛事務次官の久保卓也と坂田道太防衛庁長官の策略でした。

久保は自身が著した「KB論文」で所要防衛力から基盤的防衛力整備への転換について国民的コンセンサスを得るべく訴えていましたが、田中政権下では日の目をみませんでした。三木政権下で防衛問題に関心の薄い坂田道太が防衛庁長官に就任した状況を利用し久保の構想が息を吹き返し防衛計画の大綱が実現していきます（塩田潮『官邸決断せず』日本経済新聞社、1991年、pp.141-146)。

このカラクリに三木が気付いたとして、何も文句は言わなかったでしょう。ハト派にもタカ派にもいい顔ができる政策ですから。

三木内閣の施策では他に非核三原則と武器輸出禁止三原則があります。防衛費一％枠と合わせ、三木のリベラル性を示す政策と言われます。ただ、そのような評価には慎重になるべきでしょう。

非核三原則を言いだしたのは佐藤栄作ですし、三木が外相として反米ナショナリズムを訴えていたことは既にお話ししました。

武器輸出禁止にしても、では今すぐ解禁したとして、軍事機密の保持は可能なのか。現在でも危ぶまれています。

また、クアラルンプール事件についても触れておきましょう。

昭和五十年（一九七五年）八月、日本赤軍がマレーシアのアメリカ大使館領事部とスウェーデン大使館を占拠し、テロリストの釈放を要求しました。稲葉修法相は強硬に対処するよう主張したものの、政府は超法規的措置でテロリストを釈放し、その後に彼らが同様のテロを起こしました。この時、三木首相と宮沢外相は訪米中で、福田副総理が陣頭指揮を執りました。三木や福田は人命尊重の方針でしたが、総理執務室では、犯人を射殺する強硬論が検討されました。これを主張した警察の意見に対し、外務省が反対して決断できなかったとの事です（『保守本流の思想と行動』pp.198-201）。

以上、三木内閣を語る時に避けては通れない話ですから触れましたが、歴史の評価は、もう少し後にしても良いと思われます。単純なリベラル政治家などとは切って捨てられないのです。

第11章　三木と靖国と内閣法制局

八月十五日靖国私的参拝

三木内閣が、こんにちまで残している禍根と言えば、靖国問題です。

昭和五十年「八月十五日に」、三木は「私人として」靖国神社を参拝しました。

それまで、歴代総理は春秋の例大祭に参拝していたので、「八月十五日に」参拝した三木は現行憲法下では初です。また、「私人として」に拘りました。以後、毎年八月十五日になるとマスコミが閣僚を待ち受けていて、「私人か、公人か」をインタビューするのが風物詩と化していました。最近は、閣僚が靖国神社に参拝すること自体を問題視する風潮になっています。

そもそも、靖国神社とは何か。もともとは、戊辰《ぼしん》の役における官軍の戦没者を祀る神社として明治二年（一八六九年）に創建されました。そして、大日本帝国が行った戦いで命を落とした人々を祀る神社となっていきます。皇室の先祖を祀る「神宮」より格式は低く、かつ新しい神社です。ただ、勅使が年に二回差遣される数少ない神社であり、神社の総本家である皇室から今でも大事にされていることは明らかな存在です。日本国憲法下では、政教分離の問題があり、複雑な扱いを受けていますが。それもこれも、三木内閣の時に端を発します。

自分の国の為に戦って亡くなった人々を手厚く祀るのは、ごくごく普通のことです。では、そんな普通の事が、なぜ日本だけが許されないのか。色々な理屈をつけても、「敗戦国だから」としか言いようがありません。それまで例大祭に参拝していたことは問題ありませんでした。今でも、毎年お正月に総理大臣が伊勢神宮に参拝するのは誰も問題にしていません（小泉純一郎は首相在任中に、まさにこれを指摘しました）。

三木がよりによって日本が敗戦した日に寝た子を起こすようなことをしたから、色々と問題が起こった、としか言いようがないのです。ついでに言うと、閣僚の靖国参拝が国際問題になるのは、もっと後の鈴木善幸、中曽根康弘内閣です。もっと言えば、三木の後もしばらく問題になってなくて、鈴木内閣・中曽根内閣の時からです。鈴木内閣の時、「歴史教科書の記述は近隣諸国に配慮する」との方針を決定しました。教科書問題です。それまで中国も韓国も過去の戦争の話など外交の場に持ち出していなかったのに、ここで火が付きました。歴史問題が国際問題化したのです。

中曽根は昭和六十年、「八月十五日に」「公人として」参拝します。三木がやったことに不満だったタカ派へのパフォーマンスです。しかも、「正式な作法で参拝しなければ憲法違反ではない」などと訳のわからない内閣法制局見解をひっさげて。これは余計にタカ派を怒らせましたが。

しかも翌年、「自分が八月十五日に参拝すれば胡耀邦《こようほう》さんが困る」などと参拝をやめてしまいました。結果、参拝中止と関係なく胡耀邦は失脚しましたので、目も当てられませんが、とにかく本来ならば静かに祈る場所である靖国神社を、これでもかと政治問題化させました。中曽根はパフォーマンスで靖国を政治問題化させるだけさせて、「八月十五日に」「公人として」行けなくしたわけです。

石原慎太郎を使い捨て

本書の主題ではないので、靖国問題そのものに深入りするのは避け、三木内閣あるいは三木その人との関係に絞りましょう。

三木は、自民党内左派、リベラル（当時はニューライトと言った）の代表と目されていました。しかし、党内右派の福田赳夫の支持が無ければ政権運営はできません。幹事長として支える中曽根康弘も、このころは風見鶏の片鱗は少なく、タカ派政治家の代表と目されていました。そして若手タカ派集団「青嵐《せいらん》会」も、田中角栄の金権体質と極端な親中姿勢から、三木との協調を選んでいました。青嵐会の代表である中川一郎と三木の関係は良好ですし、石原慎太郎は重宗おろし以来の仲です。今の日本会議を作った宗教団体・生長の家を代表する玉置和郎《たまきかずお》などは、三木派の後身の河本派に入ろうとしたくらいです。中国ベッタリの田中派や大平派との対抗上、三木とタカ派は互いに協調を必要としたのです。

青嵐会の中で三木嫌いは、「ナメクジみたいで気に入らない」と公言していたハマコーこと浜田幸一くらいです（浜田幸一『永田町、あのときの話』講談社＋α文庫、1994年、pp.184-185）。ちなみに、ハマコーは大角連合べったりでした。いかに当時の自民党が、政策など何の関係もない人間関係だけで結びついていたかが、わかろうものです。

三木の参拝は、前年六月に靖国神社法案が廃案になったこともあり、バランスを取るためだったとの指摘もあります（西川重則「〝三木個人〟の靖国参拝は危険な道程への第一歩」朝日ジャーナル17（37）1975年、pp.94-96、鈴木健二「三木首相を靖国神社に行かせたもの――火中の栗を拾う意図は何か」エコノミスト53（41）1975年、pp.31-34）。

とはいうものの、三木自身には、靖国神社に強い思い入れがあることも忘れてはいけません。衆議院選挙への初出馬の時、明治神宮と靖国神社に参拝し、誓いを立てています。今の時代にそんな言い回しをしたら大変なバッシングを受けるでしょうが、三木は生涯を「支那事変」「大東亜戦争」の用語使いで通しました。娘の名前の紀世子は、「世紀の大戦はじまる」が由来です。要するに、「戦前の人」なのです。

問題は、三木政権自体が左右両派の野合的性格が強く、三木自身も両者を天秤にかけたということです。

しかも悪いことに、この四ヵ月ほど前の都知事選挙で石原慎太郎を使い捨てにするような真似をしていました。

このころの東京は、美濃部亮吉知事による革新都政、共産党が与党でした。三木はこれを突き崩そうと、最初は宇都宮徳馬の出馬を目論みます。宇都宮はなぜ自民党にいるのかよくわからないような戦前からの共産主義者で、「北朝鮮は地上の楽園」と主張して恬《てん》として恥じず、一代議士にすぎない身でありながら金日成とも面会できる左派中の左派でした。

三木は最初この人物を共産党の美濃部にぶつけようとしたのですが、作戦を切り替えて自民党内最右派を自任する石原を擁立したのです。なんたる節操のなさ！　などと一々驚いていては当時の自民党では生きていけません。結果は、石原が僅差で敗れました。問題はその後です。

石原は落選してしまい、知事選挙に出るのですから国会議員も辞職してしまっているので「生活できない」と三木総理の所に頼りに来ます。ところが三木は「幹事長の中曽根くんのところへ行け」とたらい回しにし、中曽根は「そんな金はない」とけんもほろろ、最後は福田赳夫が拾ってくれたので、生涯「反三木」になったという話です（『総理の器』p.80）。イデオロギーなど口ではいくらでも言えますが、人間いざとなった時に面倒を見てくれるかどうかです。石原や仲間の青嵐会としては、「あなたの言う通りに戦ったのに、負けたら面倒をみてくれないのか」でしょう。それで彼らが望む「靖国参拝くらいは言うことを聞いてくれよ」ということでしょうが、八月十五日に参拝したものの、満足のいく結果にはなりませんでした。

内閣法制局を利用した三木

最も批判されるのは、「私的に」などと、余計な事を言いだしたことでしょう。特にパフォーマンスは、酷いものでした。ハイヤーでなくて、ほんとに民間のタクシーを呼び、自分の財布からポケットマネーを出すところをカメラの前で見せて、「私的に」を演出しました。右派はおちょくられたとしか思いませんし、左派は八月十五日に靖国神社に行ったこと自体が許せないのですから、これなどはバルカン政治としても失敗したと評価すべきでしょう。

翌年の三木おろしで致命傷になったのは、河野洋平たちの離党・新自由クラブ設立です。

ただ、「私的に」は三木のパフォーマンスとは言い切れない部分があり、少し深く検討する必要があります。

今では、正確には平成の小泉首相の参拝以降は、「私的」な参拝ならば許される傾向があります。小泉の論理は、「個人の心の問題に他人が干渉するのか」です。これは、日本国憲法で言えば、第十九条「思想良心の自由」を根拠にしています。「人の心の中にいかなる権力も入り込んではいけない」のは、近代国家の大原則です。これを守れない国は近代国家ではないとする、大原則です。魔女狩りなど、暗黒の歴史の反省の上で形成された原則です。「文明国の通義」という言い方もします。

小泉の参拝を阻止しようとする勢力は、その近代国家の原則を破る気なのか。小泉は、この原則を根拠に近隣諸国の圧力を撥ね返しました。

こんな知恵を誰がつけたのか。内閣法制局です（『保守本流の思想と行動』pp.197-198）。

憲法問題に関し、政府のすべての行動は内閣法制局の同意を得ることになっています。日本国において、こと法律問題に関して誰も法制局の権威を否定できません。小泉は法制局の権威で靖国参拝を強行したと言えます。
では、「私的」の起源はどこなのか、というと三木内閣です。今から考えると、「私的に」というのは、「時の内閣総理大臣が八月十五日に靖国参拝をしたい場合の言い訳」として、内閣法制局が作ってくれたものです。

では、その時の法制局はどのような陣容か。長官は前の田中内閣以来の吉国一郎、法制次長は真田秀夫で、翌昭和五十一年七月に長官に昇格します。法制局は、あまりにもマッカーサーに逆らったので解体され、法務庁に吸収されています。その時に、法制局の勤務者は法務庁への雇用が許されなかったのですが、解体時の佐藤達夫長官と真田だけは許されました。真田は年少だったからという説明がされます（『内閣法制局百年史』）。そして、サンフランシスコ講和条約発効後に法制局が復活した後、真田は法制局に戻ります。いわば、内閣法制局の歴史を象徴するような人物なのです。なぜ長官の吉国ではなく、次長の真田を強調するかというと、一つは法制局を象徴する人物であること、二つはこの時の意思決定に間違いなく加わっていること。そして、長官時に重要な役割を果たすことです。

話を先取りしますと、昭和五十一年（一九七六年）二月にロッキード事件が発覚し、この真相究明をテコに政権浮上をはかる三木と、それを阻止したい反主流派の間で長く激しい抗争が勃発します。三木おろしです。

三木はアメリカのフォード大統領に親書を送り、ロッキード社から賄賂を受け取ったとされる「灰色高官」の名簿を入手します。この時、真田は「総理には名簿を公開する権利がある」との見解を示します（藤原弘達『独断の戦後史』ＰＨＰ研究所、１９８５年、p.220）。異例の援護射撃です。

また、反主流派は三木に衆議院解散をさせまいと圧力を加えていました。これに対し、三木は解散反対の十五閣僚を罷免する構えまで見せて対抗します。この時、三木が解散の手続きを法制局に問い合わせたという情報が流れ、反主流派が浮足立つ様子を、戸川猪佐武は記しています（『小説吉田学校』）。

戦後政治史において、政局で法制局が出てくるのは、三木内閣だけです。当たり前の話で、内閣法制局の本来の仕事は法令の調査機関なのですから。ただし、その能力から法制局は拒否権集団と化しています（詳しくは、小著『間違いだらけの憲法改正論議』イースト新書、２０１３年を参照）。

前章で見てきたように、三木は大蔵省をはじめとする官僚機構全体を敵に回していました。ただし例外があり、一つはロッキード事件で大活躍する検察庁です。

もう一つが、内閣法制局です。霞が関最強官庁は大蔵省ですが、彼らが歯の立たない唯一の相手が内閣法制局です。大蔵省が予算をつけ、国会を通った法律に対してすら、「憲法違反の疑義がある」とクレームをつけられたら、逆らう術がありません。百戦錬磨の三木が、何の成算もなく霞が関全体を敵に回すような真似をすると考える方が不自然です。

反主流派を牽制した一事を以て明らかなように、三木は法制局を自分の権力維持に使えると判断し、利用しています。

自民党八百長政治と言いますが、三木が絡むと相手を抹殺するまでやる真剣勝負になります。また、生前の三木は官僚の扱い方が苦手と言われましたが、どうでしょう。

権力の所在はよくわかっていました。

第12章　死闘！　三木おろし

ロッキード事件と第一次三木おろし

昭和五十年（一九七五年）十二月、三木内閣は成立から一年が経ち、政務次官を入れ替えました。

この時の人事で、羽田孜（郵政）、小沢一郎（科学技術）、奥田敬和（自治）、石井一（労働）と、後に政治改革を掲げて自民党を脱党する面々が名を連ねています。この人たちは田中角栄が当選させた「四十四年組」ですが（第6章参照）、ちょうど政務次官の適齢期になっていました。ついでに言うと細川護熙《もりひろ》は大蔵政務次官です。農水政務官の浜田幸一が十九人の辞表を取りまとめて三木に退陣を迫った時、ここにいる全員が同調しています。

なお、落語家として有名な立川談志（松岡克由）沖縄開発庁政務次官は、舌禍事件を起こして約一ヵ月で辞任に追い込まれています。

政務次官人事は、通常ならば内閣改造に合わせるところですが、三木は異例にも閣僚人事をいじりません。それは三木が「一内閣一閣僚」の理想を掲げていただけではありません。

一般に、「解散をした総理は強くなり、改造をくりかえすたびに内閣は弱くなる」

と言われます。必ずしもこの通りではないのですが、解散総選挙により自前の議員を当選させた総理の権力は高まります。そもそも衆議院の解散とは、代議士全員をクビにすることであり、伝家の宝刀と言われる総理大臣の専権事項、総理大臣だけが振える権力です。解散ができること自体が、強い総理の証拠です。一方、内閣改造をすれば、辞めさせられた大臣、大臣に選ばれなかった議員の恨みが総理に向きます。人事を操って権力を維持・強化する総理もいますが、それでも閣僚の椅子は二十しかないのですから、感謝の何倍もの恨みを受けます。

一年たって改造ができなかった三木内閣は弱体と思われていました。しかし、田中金脈政変の嵐が過ぎるまでの暫定内閣と思いきや、三木は総理の椅子を譲る気配すら見せません。

そんな時、海の向こうからロッキード事件が飛び込んできました。

ロッキード社は世界中に航空機の売り込みを図っており、多額の賄賂をばら撒いていたことが、アメリカ上院の公聴会で明らかになります。闇社会の黒幕と恐れられた児玉誉士夫、田中角栄の盟友で政商と言われた小佐野賢治、そして当時の田中首相その人の名前も賄賂を受け取った人の名前としてあがります。「現職首相が五億円の賄賂を受け取った」「総理の犯罪」などと書きたてられることになるのですが、五月雨式に報じられる事実に、世相は騒然とします。

三木はフォード大統領に親書を送り、捜査への協力を依頼しました。フォードもこれに応え、「灰色高官」の名前を記した親書を送ります。三木はアメリカの後ろ盾を得て、「政治生命をかけて、真相の徹底究明を図る」と宣言します。世論は喝采です。

この三木の公約を最も信じなかったのが、東京地検特捜部です。

昭和二十九年（一九五四年）の造船疑獄で、時の佐藤栄作幹事長の逮捕が、法務大臣による指揮権発動で阻止されました。これが世論の反感を買って吉田茂内閣は退陣に追い込まれるのですが、検察にはトラウマとなります。その後二十年間、大物政治家に手を伸ばすことはありませんでした。三木と田中の対立は新聞や週刊誌レベルの話では知っていても、まさか同じ自民党の人間が逮捕されようとしている時、さすがに庇うだろうと見立てていました。

ところが、この時の三木は本気です。むしろ、積極的に田中を逮捕したがっているのではないかとすら思えるような行動を繰り返します。「逆指揮権発動」ではないかと囁《ささや》かれます。実際、潤沢な予算が付与され、多くの法律的問題は捨象され、捜査に何の不都合も感じなかったそうです。

次期政権を待ちきれない福田と大平、三木のやり方をことごとく敵視していた椎名、そしてロッキード事件の当事者の田中は密談を繰り返し、「三木おろし」を策します。これに一番やる気がなかったのが田中でした。田中は、党人政治家として約四十年間政界を生き抜いてきた三木を、ちょっとやそっとのことでは引き摺りおろせないと見ていました。四人の実力者が反三木で一致したとして、具体的にどうやって「三木おろし」をするのか。

俗に、「総理大臣一人の権力は国会議員百人分に匹敵する」と言われます。百人を超える多数派が圧力をかけるくらいで、ようやく互角だとの意味です。

そして、読売新聞に「田中・椎名・福田・大平の四人が三木おろしの陰謀」とのスクープが載ります。明らかに三木側のリークでしょう。三木の秘書には、読売新聞の中村慶一郎がいます。この記事を受けて世論は「ロッキード隠しだ」と三木おろしを批判します。三木も重ねて、「政治生命をかけて真相を究明する」と宣言します。「自分を引き摺りおろそうとする勢力のやりたいことは、ロッキード隠しだ」と言っているようなものです。

何度も続く三木おろしの最初は、あえなく失敗しました。

とはいうものの、大角連合はともかく、福田派までが裏切ったとなれば三木主流派が劣勢です。ここで三木は渾身の一手を放ちます。

田中逮捕です。

孤立無援

三木やその周辺は、七月二十七日の朝に検事総長から知らされるまで田中逮捕を知らなかったと言い張っていますが、明らかに嘘です。検察には、「検察官一体の原則」があります。特捜部が動く時、一定以上の大物を捜査する時は、必ず検事総長以下幹部全員の稟議を通します。そして、前首相などという超大物を逮捕する時に、総理大臣に直前まで知らせないなどありえません。総理大臣は、法務大臣に対し、指権発動をして逮捕を阻止できると検察自身が造船疑獄で痛いほど知っているのですから。

首相と法相に事前了解を求めないはずが、ありません。藤原弘達は、三木からそれらしいことを仄《ほの》めかされ、意見を求められています（『独断の戦後史』pp.215-216)。

孤立無援の三木が長く政権を維持することはできないにしても、乾坤一擲《けんこんいってき》の勝負にはなる。少なくとも、田中の政治生命は絶てる。しかし、自民党結党以来、検察を使って政敵を刺すまでやったのは、三木が最初です。明らかに「八百長政治」とは異質でした。

福田派からは「これは忠臣蔵だ」との声が上がります。塀の中に送り込まれた田中を浅野内匠頭《たくみのかみ》に、残された田中派議員を赤穂《あこう》浪士に、そして仇敵三木を吉良上野介《きらこうずけのすけ》にたとえたのです。椎名は「三木ははしゃぎすぎだ」「惻隠《そくいん》の情が無い」と三木おろしを煽ります。そして、反主流派は「田中が逮捕されたのだから、もうロッキード隠しとは言わせない」と開き直ります。あげくには、「ロッキード事件の責任を取って三木はやめろ」との声まで出ます。もう、なんでもいいから三木を引き摺りおろしたいとの悲鳴です。

福田、田中、大平、椎名、それに中間派の水田、船田の六派が結束し、挙党体制確立協議会を結成しました。挙党協です。党内の三分の二が結集しました。主流派を百人超える数どころではありません。本気になれば総裁を解任できる人数です。三木の味方は中曽根派のみ。孤立無援の三木の寿命は短いと看做されました。

ちなみに同じような状況で、後の海部俊樹内閣は三日で陥落、粘れるだけ粘ったと思われた菅直人内閣も三ヵ月です。

鬼頭謀略電話事件

ところが三木は、半年も反主流派を翻弄します。既に三木おろしの策謀は半年も続いていますから、倍の敵を相手に一年持ちこたえたことになります。

結局、総理大臣は本人が辞めたいと言わない限り、他人が辞めさせることはできないのです。唯一の方法は、選挙です。戦後政治のルールでは、総選挙か自民党の総裁選挙で敗北しない限り、総理大臣は辞めなくてよいのです。だから選挙こそ政治の最終決着をつける手段ですし、選挙以外の方法で辞めさせたい場合は、総理大臣が辞めたくなるような方法で追い詰めるしかないのです。

三木が田中逮捕という反則中の反則を繰り出すなら、三木おろしでも手段は選びません。

判事補の鬼頭史郎が、検事総長のフリをして偽電話をかけました。内容は中曽根逮捕に関する同意を求めてです。曖昧な言い方で言質をとろうとする言い方を怪しく感じた三木は、のらりくらりとかわします。もしそこで「中曽根くんは自分の側近だから庇う」とでも答えてしまったら、そのテープが公開されて大変なことになったでしょう。そういうようなとんでもないような謀略が行われる、恐ろしい時代でした。

八月、福田と大平は連日、三木に退陣を求めます。しかし、三木は「だったら、何時間でも議論するぞ」と徹底的にネチネチと、攻めているはずの福田・大平のほうが辟易するような逆襲をしました。三木と会った男性は必ずと言っていいほど経験していますが、三木は人を説得する時、相手の膝をさすりながら、しかも長時間話しているとあとで足が真っ赤になるようなさすり方で、説得をしてくるのです（女性にしたという話は聞きませんが）。

三木は、「僕にガバナビリティーが無いと言うが、君たちが協力してくれれば済む話ではないのか」「ところで、僕を引き摺りおろして、どちらが代わりになるんだい」「〝大福〟という人を総理大臣にするわけにはいかないからねえ」という感じで翻弄します。特に、挙党協が大福どちらを次の総理に据えるのかを決めていないのは、決定打でした。

椎名は、「やり手ババアにひねられる女学生」と評しました。

疑いすぎた閣僚の忠誠心

先の昭和四十七年総選挙から四年、衆議院の任期満了が近づいていました。ちなみに、昭和四十七年総選挙は、一票の格差が四・九九倍に達したことで、史上初の違憲判決を蒙った衆議院選挙です。

本来ならば、首相が解散総選挙を行うタイミングですが、挙党協は三木に解散をさせまいと抵抗していました。

閣議では二十人中十五人の閣僚が、解散反対の旗幟を鮮明にします。

それに対して三木も、「僕も三回、大臣の辞表を叩きつけているからね」と不敵な笑みで受けて立つ構えです。

三木派の大臣は意気軒昂で、河本通産大臣が一晩で百億円の政治資金を集めたのは、この時です。海部官房副長官も解散を迫りました。

ところが、土壇場になって三木は何を考えたのか、「自分は独裁者になりたくない」と言い出します。

また、読み違えもしました。閣僚の忠誠心です。

国会議員は派閥の領袖に恩義を感じるものです。なぜかというと、派閥の恩恵で当選する、そして大臣や党の要職につけるからです。でも、最終的に決めるのは総理大臣です。派閥の領袖が推薦しても、実際に総理が決めなければなれません。だから、派閥の領袖とは別に、総理に対する忠誠心があります。三木は、閣僚の総理に対する忠誠心というのはあまりにも疑いすぎていました。特に安倍晋太郎農相と竹下登建設相は、派閥の関係で三木おろしの側にいただけで、一度も三木の悪口を言っていないことを強調しています（『総理の器』pp.150-152）。

また、意外な人物が忠誠心を示しています。金丸信国土庁長官です。

田中が逮捕された時、金丸は田中派の若手三十人ほどを集めて、竹下を中心にまとまろうと呼びかけています。やり方が粗雑だったのと、田中に注進に及ぶ議員がいて、あっさりと失敗しました（神一行『金丸信という男の政治力』大陸書房、１９９０年、pp.87-88）。竹下は田中に詫びを入れて許してもらっています。

しかし、そこまでやられても竹下は抹殺されませんでした。ロッキード事件で逮捕された田中には、〝謀反人〟の竹下や金丸を制裁する力は無かったということです。ある種の痛み分けですが、このことで、金丸と竹下が田中の寝首をかくまで、十年の雌伏を余儀なくされます。

金丸は、前年のスト権ストの際、三木に解散を打つように進言しましたが、実行されませんでした。そのことで、三木に見切りをつけていました（仲衞《なかまもる》『金丸信 寝技師の研究』東洋経済新報社、１９９０年、pp.137-138）。

田中角栄は、金丸や竹下にとって目の上の瘤なのですから、三木が決断して強い政治力を見せていたら、その後の歴史は変わったかもしれません。あまりにも激しい政争の中で、だんだん三木も心の余裕をなくしていたのかもしれません。

運命の九月十五日

総理大臣が衆議院を解散するには、臨時国会を召集しなければなりません。三木は解散に反対の十五閣僚を罷免してでも強行突破する構えです。そうなると、内閣改造です。挙党協は臨時国会を開かせるかと、総裁解任も辞さずの構えです。三木と福田・大平は連日のように顔を突き合わせ、攻防を繰り広げます。

この時、三木は特例公債法を人質にとりました。

石油ショック後の不況は長引き、前年に続いて赤字国債を発行しなければならない財政状況でした。これが通らなければ、日本政府は借金ができない、国家の意思である予算が実行できないことになります。三木はそうなってでも臨時国会を開かせないつもりかと、福田と大平に迫ったのです。大蔵省出身の二人は、この意味を理解せざるをえません。特例公債法を通したあと、すぐに解散するのではないか。

三木は「解散しない」との約束で、内閣改造と臨時国会の召集を押し切ります。挙党協はそんな約束が守られるかと不信のまなざしを向けつつ、改造の協議に入ります。

運命の九月十五日。

この日の重みを、当事者の誰も理解していなかったでしょう。

主流派は三木派と中曽根派のみ。領袖がようやく保釈されたばかりの田中派は圏外。三木は「挙党体制確立を求める」との要求を逆手に取り、福田派と大平派にも協力を約束させます。福田副総理兼経済企画庁長官と大平蔵相は留任、三木派の河本通産相と井出官房長官も留任です。椎名副総裁も留任です。

中曽根幹事長は自身がロッキード事件の灰色高官として名前が挙がっていましたから、退任が確定です。

三木は、幹事長に福田派の松野頼三政調会長の横滑り、総務会長に中曽根派の桜内義雄、政調会長に大平派の内田常雄を据えて、挙党体制の体を装おうとしていました。

焦点は、幹事長人事です。

松野は、佐藤派が田中派と福田支持の保利茂系に分裂した時、福田派に身を寄せました。政界では一匹狼です。三木内閣では政調会長に登用され、次第に私淑していくようになります。また、三木内閣を福田が支えることで、禅譲を期待していました。

しかし、この時に福田はもう七十一歳。佐藤内閣で禅譲を期待して田中に政権を奪われ、ポスト田中でも三木にさらわれています。松野の言に耳を傾けられる心情ではありませんでした。

特に福田の傍には、園田直《すなお》が張り付き、派を三木おろしに引っ張っていきました。この人物は福田内閣ができた時に官房長官、改造内閣では外相として日中平和友好条約を締結します。筋金入りの親中派です。

松野はロッキードとはライバルの航空機会社・グラマン、ダグラスとの関係が深いですから、親米派です。

松野と園田の対立は、福田派内の「米中代理戦争」なのです。

三木が福田に「松野君を幹事長に採りたい」と協力を求めるや、いっせいに反対の火の手が上がりました。園田などは、「あれを幹事長にしたら、三木に裏切る」と絶叫します。この人の立場によるタクティクスとしては、合理的な判断です。

三木が福田と大平、三役内定者を集めて協議をしても、揉めに揉めます。最後は閣僚人事にまで話が及び、「三役は松野、内田、桜内の組み合わせは譲らない」と断言したので、内田幹事長、桜内政調会長、松野総務会長に落ち着いたとのことです。

三人の様子を自民党職員の奥島貞雄が記しています（奥島貞雄『自民党幹事長室の30年』中公文庫、2005年、pp.70-72）。

こんな決まり方であったから、就任直後の記者会見では、幹事長を逃した松野は終始、苦虫を噛みつぶしたような顔。桜内は淡々。それに対して内田は、たまげるやら嬉しいやらで「道を歩いていたら、突然マンホールに落ちたような気分だ」と〝率直な〟気持ちを表現したものだ。ところが、内田はその後もこの「マンホール」を連発、記者の中には〝マンホール幹事長〟などと陰口をたたく者も出てきた。たまりかねた私は進言した。「いくらなんでも聞こえがよくありません。そろそろ、マンホールはやめた方がよいと思います」。

松野自身は、三木を守るために自らが身を引いたと記しています（『保守本流の思想と行動』p.262）。

そこで私が最後に三木さんに「これ以上押すと内閣にキズがつきます。どうでしょうか、私が総務会長に横すべりしますから、内田、桜内君のどちらかを幹事長に決めたらどうですか」と言った。三木さんは「本当に君はそれでいいのか」と言う。「三役の中におれば同じです。あとは力関係でイスが物をいうわけではない、このままではあなたにキズがつくし、松野と心中するにはハカリと重さが違います」ということで、三木さんもやっと了承した。

ギリギリの政局の中の判断でした。この日は三木の長男の結婚式でしたが、出席できるはずがありませんでした(『信なくば立たず』pp.293-294)。

それはともかく、もし松野幹事長ならどうなっていたか。このようなギリギリの政局では、やはり直接権限を持つ幹事長の椅子が物をいいます。年末の総選挙で、いつもはトップか上位当選の田中派代議士たちが軒並み最下位です。小菅刑務所に田中を迎えに行ったところを写真に撮られた梶山静六に至っては落選です。

松野幹事長で早期解散ならば、どうなっていたかわかりません。こういう就任の仕方をした経緯もあり、松野は福田派を離脱します。

三木内閣に殉じた保守本流の面々

この時、たった三ヵ月で終わる三木改造内閣に殉じた代議士が何人かいます。

外務大臣の小坂善太郎については何度か触れました。もともとは、池田内閣の外相で、米ソ冷戦に対応する意味での北京接近を主導した人です。この立場の北京接近は、親中ベッタリの田中や大平と激しく対立し、それが日本政治の軸になっていきます。小坂は同じ池田派からはじまっていますが、大平とは極めて仲が悪く、大平派を離脱します。

郵政大臣の福田篤泰《とくやす》は、外務官僚出身ですが、党人派の弱小派閥で過ごしています。この時は水田派ですが、後に三木派に身を寄せます。池田内閣の防衛庁長官として、自衛隊強化に尽くした人です。小笠原の本土返還にも尽力しました。

厚生大臣は早川崇。池田に佐藤が挑んだ総裁選、角福戦争と二度にわたり三木を裏切り、この時は福田派に身を寄せていました。しかし、三木おろしには義憤を感じ、この時には福田と決別して三木のところに馳せ参じます。早川は俗物ではありましたが、イギリス政治の研究者として多くの著書や訳書を残しています。代表作はR・T・マッケンジー『英国の政党』の訳書です。丁度この時、マッケンジーが来日し、羽田空港で早川が三木おろしに関して意見をぶつけると、「私の比較政治学の長い研究の中でそんなことは前代未聞である」との返答がかえってきたとのことです（『田中角栄とその弟子たち』p.214）。この人も、福田派を離脱します。

松野、小坂、福田、早川の四人は、三木内閣を最後に何の要職に就くこともなく議員生活を終えます。

この人たちに共通するのは、日米安保体制を維持しようとする親米派です。少なくとも、北京ベッタリの親中派よりは愛国者です。

総選挙大敗、そして退陣

その後の日本はどうなったか。

臨時国会終了後、福田赳夫は副総理経済企画庁長官の辞表を叩きつけます。このころは、すっかり党内は白けきっていました。結局、三木は解散できず、衆議院は年末に任期満了選挙に突入します。いまだかつて、任期満了選挙はこの時だけです。総選挙党協は三木に協力する気はなく、完全な分裂選挙でした。総裁の三木が応援演説をする場所に、勝手に福田が現れ、いっしょに演説して帰る。どっちが総理総裁だかわからないような有り様です。

選挙結果は二百四十九議席。自民党が史上初の過半数割れをする大敗でした。三木は安定多数の二百七十一議席を勝利ラインと宣言しましたが、大きく割りました。

河野洋平ら六人の若手が自民党を脱党して結成した新自由クラブが、十七議席に躍進した煽りを受けました。

同じ自民党に、政治改革を訴える三木と、それを阻止しようとする挙党協がいます。三木は自派の候補で衆議院の過半数を占められるだけの候補者を立てている訳ではありません。当時は中選挙区制ですから、選挙民は一人一票、仮に三木派の候補が自分の選挙区にいたとしても、挙党協の候補が当選してくるのです。

三木は、総選挙敗北の責任を取る形で退陣表明します。

粘れるだけ粘り、誰も引き摺りおろせませんでした。そして後には何が残ったか。

後継総理には、挙党協の談合で福田赳夫が就きます。幹事長は大平正芳に明け渡し、党務はすべて委ねます。「さあ働こう内閣」と称し、三木おろしで停滞した行政課題を処理していきます。

福田が残した実績は、日中平和友好条約です。親米派筆頭のはずの福田が、親中派の大平、そして田中角栄に担がれたために、親中に傾斜しました。

その福田も、自民党総裁選挙で大角連合に引き摺りおろされます。

大平内閣のころには、田中角栄は完全に復権していました。やがて「闇将軍」と言われるようになり、鈴木善幸、中曽根康弘と言いなりになる政治家を次々と傀儡《かいらい》首相に祭り上げていきました。

三木は派閥を河本に譲り、福田も力を無くしていきます。徳島県政では後藤田正晴が力を伸ばすなど、三木の力は目に見えて衰えます。日本のすべてを、自民党にすら所属しない、単なる無所属議員が牛耳っている。自民党最大派閥の田中派は膨張し、官界を押さえ、財界も従う。田中はロッキード事件の被告人でしたが、派閥を拡大し、日本を支配し、無罪を獲得すれば復権できると信じていました。

「三木にやられた……」

しかし、そこまでの権力を以てしても動かせない壁がありました。田中は一審でも二審でも有罪でした。

田中は保釈後、愛人の辻和子を前に弱音を吐いたことがあったそうです（田中京『我が父、田中角栄——男の中の男』青林堂、２０１６年）。

「三木にやられた、三木にやられた……」

刑事被告人でありながら、それを撥ね返し、闇将軍と言われる権力を手に入れた田中角栄は、間違いなく傑物です。しかし、最後は三木の仕掛けた時限爆弾が爆発するかのように、その政治生命を奪われました。むしろ逮捕後の田中は、時限爆弾の爆発を遅らせるためにあがいていたようにしか思えません。

竹下登と金丸信に謀反を起こされ、怒りのあまり脳梗塞で倒れ、派閥も日本を支配していた権力も乗っ取られました。

また、総理退陣後の三木に見るべき活動はありません。大平内閣では、四十日抗争、ハプニング解散を引き起こし、最後は大平を死に追いやってしまいました。物理的に殺してどうするのか。

三木は、モノの限度を知らないかの如き〝バルカン政治家〟でしたが、常にギリギリで踏み止まっていました。

しかし、退陣後の三木は自民党を混乱させる老害でしか、なくなっていました。また、晩年は病気がちで、満足な議員活動ができなくなります。

昭和六十二年、議員在職五十年の栄誉を受け、翌年に死去します。

このころは、三角大福の死闘は既に過去の記憶となっていました。

おわりに～三木武夫とは何だったのか

この世の終わりのような政治である。まさか、三木武夫を褒める日が来るとは。それにしても、本書の企画が始まってからでも五年、「よく三木の本を出せたな」と思う。

ただ、空前の角栄ブームが背中を後押ししてくれたような気がする。あげくの果てには、「角栄流人心掌握術」が漫画にもなっていたりする。

そういう悪書を目にするたびに思う。

日本人は、何と愚かな民族なのだろうか。

その手の本に書いてある人心掌握術など、「葬式で他の人より香典の額が多かった」程度の話のオンパレードである。少しでも信念のある人間ならば引っかからない程度の詐術である。日本人がどれほど卑しくなったか、あるいは信念の無い人間ばかりか、ということだろうか。

また、角栄の権力を象徴する定番の逸話がある。

目白御殿から新潟の実家に帰るまで、三回しか曲がらなくていい。妾の家に通うのに、交通規制を変えて一方通行を逆走させる。

権力をこんなことに使って悦に入っている男。角栄ブームに狂奔している人は、そんなことに憧れる男と、そんなことをされて喜んでいる女が日本をダメにしていると考えないのだろうか。

むしろ、最近の角栄賛美を、泉下の本人はどう聞くだろうか。あまりにも移り気で、気まぐれで、身勝手で、そして何の反省もない大衆の評判に苦笑いするだろうか。

田中角栄という政治家を評価する場合、総理大臣就任以後には何の功績も認められない。「唯一最大の功績が日中国交正常化」とされる場合が多いが、今日の日中間の諸懸案が明確になった今、田中内閣がその根源であるのは言うまでもない。一方で、自民党幹事長や大蔵大臣としては辣腕だったと評価してよかろう。

田中は会社経営者出身の政治家だが、その意味で行政や選挙を切り盛りする才覚には長けていた。典型的な経営者型、ある目標（たとえば、お金を儲ける、選挙で議席を増やす）を与えられた場合、いかんなく力を発揮するタイプの政治家だ。

ただし、政治の本質は自分の目標を決めることである。その意味で田中はあまりにも政治家、特に国家の指導者には向いていなかった。

そして田中は生涯を通じて、ばら撒きを続けた。いわば、アメの政治家である。経営の本質は競争である。お互いの利益を高め合う、ウィンウィンの関係が多くの場合に可能である。ところが、政治の本質は闘争である。一つしかない椅子を多くの政治家が争う。最終的にはゼロサムである。これこそ、角福戦争以後の田中が何の功績も残せなかった理由ではなかろうか。自民党幹事長や大蔵大臣として経営者的に切り盛りするまではよかったが、国際社会の中でキッたハッたをするには向いていない。その典型が、「日中国交正常化に向けての最短ルート」という目標に向けての合理性を考えることはできても、「なぜ正常化をしなければならないのか」「そもそも正常化とはどういう意味か」といった目的そのものの合理性には頭が及ばないのである。

果たして、そうした政治家が現代の日本に求められているのだろうか。

私は、角栄ブームに〝トドメを刺す〟つもりで本書を上梓した。だからこそ、「田中角栄を殺した男」とぶち上げた。

本書を一読された読者はお気づきの通り、三木の評伝でありながら、まったく三木を賛美していない。むしろ反面教師の政治家として取り上げた。

ただ、政治の劣化が常に言われるようになり、三木の浸しすぎる政争術を肯定的に取り上げねばならないことを嘆きつつ、警世の書として送り出したつもりだ。この程度のことも今の政治家はできないのか。当時はこのようなことをしていた政治家が批判されたのだが、今の政治家はそれもできないのか、と。

その最たるものは、政策を政局と結びつけてしか考えられないことである。三木に限らず、大野伴睦、鈴木善幸、金丸信といった党人政治家たちは、あらゆる政策を政局と結びつけてしか考えられなかった。また、政争の具にし続けた。ところが、今の永田町でそれができる政治家がいかほどいようか。野党は論外として、自民党の中でも何人いるだろうか。

個人的経験談だが、政策に関するレクチャーはできる。たとえば私の専門である憲法や歴史問題に関するレクは何度もした。しかし、その際に政局と絡めての意見を求められる、「どのようにすれば、それを実現できますか」と聞かれると、答えに困る。そのようなことは自分で考えてもらわねばならないからだ。だが、そうした困った経験は一度や二度ではない。

別に角栄の代わりに三木武夫のような政治家がいてくれとは思わない。ただし、「せめて三木武夫ぐらいの政治はやってくれ」とは思う。

私は十七歳の時から三木武夫を研究してきた。少しずつだが、その研究の成果をまとめたのが本書である。書き終えた感想は、「あまりにも評価が難しい政治家」だ。本書は三木に関する事実を提示し、知見を披見する形で進めた。大人の語り口ではあるが、それだけに単純明快な結論にはしていない。ここでわかりやすく角栄との比較で三木に関する総評をしておこう。

角栄が経営者的センスのアメの政治家だとしたら、三木はムチの政治家である。三木は二十四時間政治の事を考えていると評されたように、徹底して政治的な人間だった。本書で何度も登場するが、周囲は常に三木に振り回されている。この男はモノの限度を知らないのではないか。北朝鮮が小国ながら周辺大国を振り回す様子は「瀬戸際外交」と呼ばれるが、生前の三木は同じような意味で「バルカン政治家」と呼ばれた。

三木内閣の負の遺産はいくつか挙げた。その最たるものが対外政策だ。三木は日米安保条約堅持を党是とする自民党では異色の政治家だった。実際にその「等距離外交」は多くの混乱を招いた。しかし、田中角栄以降の政治家で、三木よりマシな対外政策を行った政治家はいるだろうか。福田赳夫以降すべての総理大臣が田中角栄あるいはその後継者である竹下登の影響下にあった。二人とも筋金入りの親中派である。ようやく田中と竹下のくびきを脱するのは小泉純一郎である。ところが、その後はどうか。かろうじて安倍晋三だけが親中政策の修正を図ろうとしているが、二度も総理大臣の地位に就きながら、まったく成果は出ていない。

現在の安倍内閣はなぜか右傾化政権と評されるが、私は「せめて三木内閣くらいには右に戻ってほしい」と切に願っているほどだ。かのチャランポランな三木内閣が、小泉以外のすべての内閣よりも親中である。これが悲劇でなくてなんであろうか。

田中を褒めちぎるということは、中国に事あるごとに小突き回されることを良しとするのだろうか。

しばしば、「田中角栄は結婚式が似合う政治家、三木武夫は葬式が似合う政治家」と評された。陽気な田中と陰気な三木の対比である。

しかし、当の田中本人は人心掌握において、葬式を最も重視した。葬式は誰しも一回しかない、人生で最も重要な用事だからである。「葬式が似合う政治家」であることこそが、田中が三木への警戒感を解かなかった理由ではなかろうか。

田中の生き様は、手段を問わない錬金術でひねり出した金を相手かまわずばら撒き、巨大な人脈を作る。そこにおいて人情を絡めることを絶対に忘れない。そして、自民党や政府の要職を猛烈に駆け上り権力を掌握していく。その切り盛り力は他の追随を許さない。必死に「中心」に迫っていく。ところが、最後には排除される。無理な錬金術と手法で権力を掌握しても、反発が出るのは必然だろう。

一方の三木は、中心には入ろうとしないが、絶対に離れない。常に権力の中心の円には入らないが、その線の一歩内側と一歩外側を行き来する。その距離感は絶対に保つ。

田中のような無理はないので、決定的な失脚はしない。反主流という武器を使って、むしろ影響力を上げていくのが三木の政治人生だった。そして政敵はいつのまにか排除されているが、三木を下手人《げしゅにん》と疑う者はほとんどいなかった。

ただし、これは茨の道でもある。

それにしても私はなぜ、十七歳の時に三木に関心を抱いたのだろう。

それは、三木が常に少数派を率い、反主流の立場で茨の道を歩んできたからだと思う。

政界に限らず、日本社会全体が「総主流派体制」「物言えば唇寒し、秋の風」の風潮になっている。

本書を構想した五年前、時の総理は菅直人だった。当時の私は大学で教鞭をとっていたが、若者の社会観は、「日本は総理大臣がお腹を壊して辞める国」「目立つことをしたらホリエモンのように刑務所に送られる国」「努力しても報われないなら、大勢に従って生きるのが賢い」だった。

事実その通りだろう。現在、その当の総理大臣が返り咲いているが、そのような社会を変えられているだろうか。

私自身の環境も変わった。多くの苦しい決断もしてきた。しかし、常に茨の道を歩んできたとの自信はある。少なくとも、茨の道を歩むのが怖くて信念を曲げたことはなかった。

そもそも、この空前の角栄ブームの中で「三木本」を出すのだから、それは信じてもらいたいが。

本書は、講談社担当の加藤孝広さんの丁寧な仕事のおかげで世に出せた。題材の性質上、陰湿な本になりかけたのだが、加藤さんのおかげで、落ち着いたトーンの「大人の本」になったと思う。

また、方向性を決めてくださったのは加藤さんの前任者の青山遊さんだ。いざ原稿を書きだしても、どのような方向性かが決まっていなかったのだが、青山さんの適切な助言により本書は可能となった。

もう丸々五年になるが、企画を立てていただいた井上威朗さんの御尽力も忘れるわけにはいかない。デビュー作『誰が殺した? 日本国憲法!』において、「今後、倉山さんに他の出版社さんからもお仕事が来ますように」という配慮も含めて、同書を送り出していただいた。その御恩に、遠回りだが報いることができたとしたら、幸いである。

今回はリサーチが生命線の企画だが、アシスタントチーム「倉山工房」の山内智恵子さんと八洲加美世さんには、ひとかたならない苦労を強いた。

本書に関わったすべての人たちに感謝しつつ、筆をおきたい。

二〇一六年十二月

倉山　満

倉山満―1973年、香川県生まれ。憲政史研究者。中央大学大学院文学研究科日本史学専攻博士後期課程単位取得満期退学。国士舘大学日本政教研究所非常勤研究員などを経て、現在、コンテンツ配信サービス倉山塾塾長、インターネット放送局チャンネルくらら主宰、次世代の党自主憲法起草委員会顧問。著書に『誰が殺した？　日本国憲法！』（講談社）、『嘘だらけの日英近現代史』（扶桑社新書）、『国際法で読み解く世界史の真実』（PHP新書）、『大間違いのアメリカ合衆国』（KKベストセラーズ）、『世界一わかりやすい地政学の本』（ヒカルランド）など多数。

講談社+α文庫 政争家《せいそうか》・三木武夫《みきたけお》
――田中角栄を殺した男

倉山《くらやま》 満《みつる》

2016年12月20日第1刷発行

発行者――――鈴木 哲
発行所――――株式会社 講談社
東京都文京区音羽2-12-21 〒112-8001
電話 出版(03)5395-3522
販売(03)5395-4415
業務(03)5395-3615

デザイン――――鈴木成一デザイン室
カバー印刷――――凸版印刷株式会社
印刷――――慶昌堂印刷株式会社
製本――――株式会社国宝社

落丁本·乱丁本は購入書店名を明記のうえ、小社業務あてにお送りください。
送料は小社負担にてお取り替えします。
なお、この本の内容についてのお問い合わせは
第一事業局企画部「＋α文庫」あてにお願いいたします。
Printed in Japan ISBN978-4-06-281699-1
定価はカバーに表示してあります。